Selenium과 TestNg를 이용한

소프트웨어 테스트 자동화

기초편

Selenium and TestNG:
A Beginner's Guide to Software Test Automation

엄정택 지음

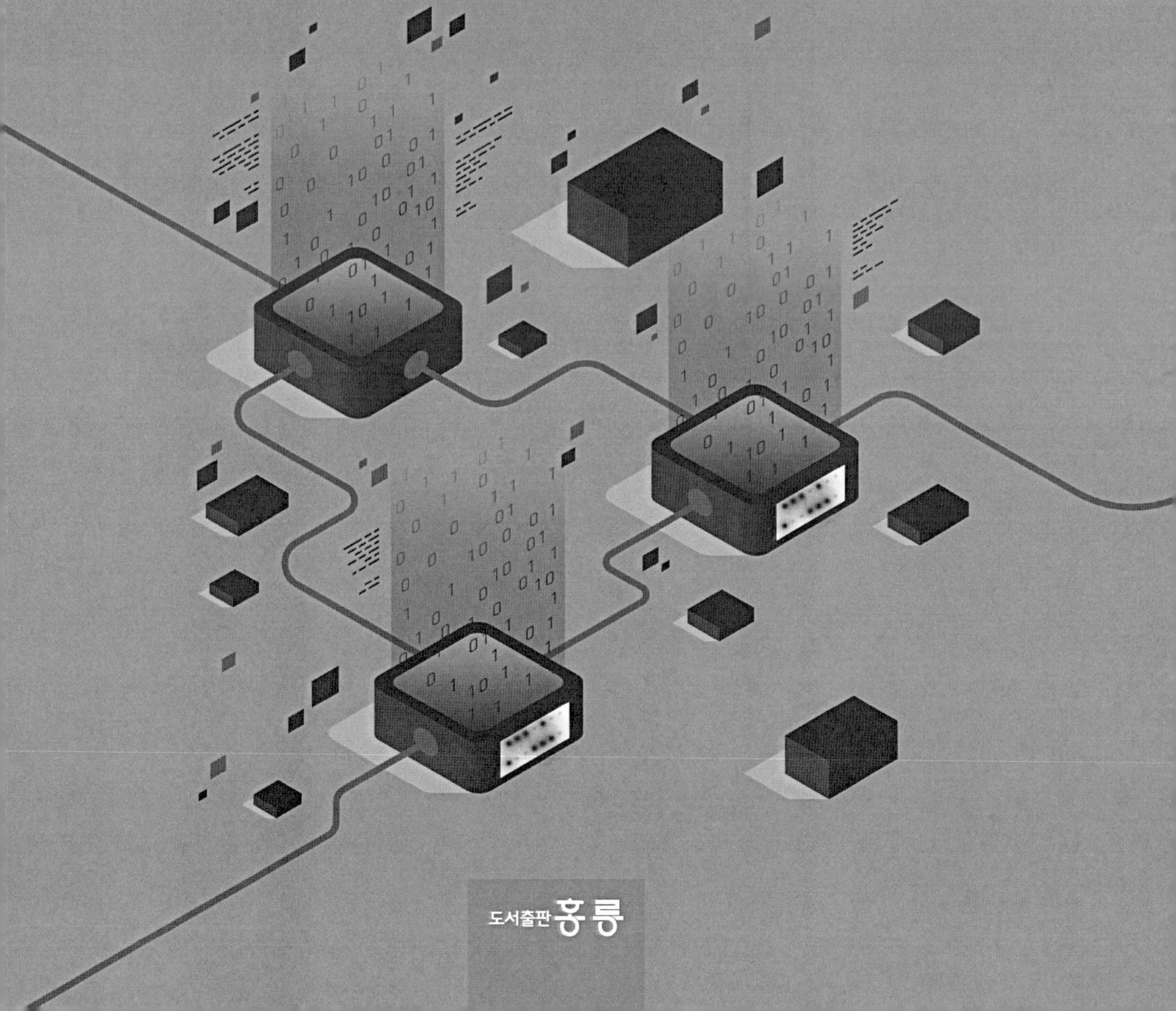

도서출판 홍릉

저자소개

엄정택

현) Sr. Software Engineer in 미국 T-Mobile
Test Platform & Tool team근무

정보처리기사 1급
PMP(Project Management Professional)
SPICE(Software Process Improvement and Capability Determination) 심사원
CISA(Certified Information Systems Auditor)
SAFe(Scaled Agile Framework)
테스트관련 네이버 블로그 운영 : https://blog.naver.com/jtum
테스트 자동화 채널 운영https://youtube.com/@user-sj9ku2wl6m?si=VpdcOPP9o5-aBh17

| 기초편 |

Selenium과 TestNg를 이용한
소프트웨어 테스트 자동화

인 쇄: 2024년 9월 10일 초판 1쇄
발 행: 2024년 9월 20일 초판 1쇄

저 자: 엄정택
발행인: 송 준
발행처: 도서출판 홍릉
주 소: 01093 서울시 강북구 인수봉로 50길 10
등 록: 1976년 10월 21일 제5-66호

전 화: 02-999-2274~5, 903-7037
팩 스: 02-905-6729
e-mail: hongpub@hongpub.co.kr
http://www.hongpub.co.kr
ISBN: 979-11-5600-229-1(93000)

정 가: 18,000원

CONTENTS

CONTENTS

CONTENTS

SECTION 1

도입

시작하며

현대 소프트웨어 개발에서 자동화는 품질 보증과 효율성을 극대화하는 중요한 도구로 자리잡고 있습니다. 특히 웹 애플리케이션의 복잡성이 증가함에 따라, 테스트 자동화는 필수적인 과정으로 여겨집니다. 이 책은 여러분이 Selenium과 TestNG를 활용하여 효과적인 소프트웨어 테스트 자동화를 구현하는 데 도움을 주기 위해 작성되었습니다.

Selenium은 웹 애플리케이션의 기능을 자동으로 테스트할 수 있는 강력한 오픈 소스 도구입니다. 다양한 브라우저와 플랫폼에서 테스트를 실행할 수 있는 유연성을 제공하며, 복잡한 사용자 인터페이스와 상호작용을 자동화하는 데 최적화되어 있습니다. TestNG는 테스트 스크립트를 관리하고 실행하는 데 필요한 기능을 제공하는 강력한 테스트 프레임워크로, 유연한 테스트 구성과 제Data-Driven Test를 지원합니다.

이 책의 목표는 Selenium과 TestNG를 사용하여 소프트웨어 테스트 자동화를 처음 접하는 독자들에게 기초적인 개념과 실용적인 기술을 제공하는 것입니다. 독자들은 이 책을 통해 다음과 같은 내용을 익힐 수 있습니다:

1. **Selenium의 기초**: Selenium의 주요 구성 요소와 기능을 이해하고, 웹 드라이버를 사용하여 브라우저에서 테스트를 실행하는 방법을 배웁니다.
2. **TestNG의 기초**: TestNG의 구조와 기능을 학습하고, 테스트 스크립트를 작성하고 관리하는 데 필요한 기술을 익힙니다.
3. **테스트 자동화 실습**: 실습을 통해 Selenium과 TestNG를 활용한 테스트 자동화의 기초적인 기법을 연습하고, 실제 프로젝트에 적용할 수 있는 능력을 키웁니다.

이 책은 이론과 실습을 적절히 조화시켜, 독자들이 실제 환경에서 직면할 수 있는 문제를 효과적으로 해결할 수 있도록 돕기 위해 노력하였습니다. 각 장은 아래와 같이 단계별로 구성되어 있으며, 실습을 통해 이론을 확립할 수 있도록 돕고 있습니다.

- 소프트웨어 테스트환경 구축
- 테스트제어 프레임워크 TestNg
- UI테스트 프레임워크 Selenium
- TestNg와 Selenium을 이용한 UI test 작성

여러분이 이 책을 통해 소프트웨어 자동화의 기초를 확립하고, 테스트 과정에서의 효율성과 정확성을 높일 수 있기를 바랍니다. 또한, 미국 현지 기업에서 사용하는 기법과 용어를 중심으로 설명하였으므로, 미국 현지 취업을 준비하는 분들에게도 도움이 될 것입니다. 자동화의 세계에 첫 발을 내딛는 여러분을 응원하며, 이 책이 여러분의 소프트웨어 테스트 여정에 큰 도움이 되기를 기원합니다.

저자소개

숭실대학원 전산학 석사를 졸업한 후, 고려시스템, 기아정보시스템과 삼성SDS에서 10여년을 개발자와 품질관리자로 근무하면서 소프트웨어 개발경험을 첨가한 품질프로세스를 확립하는 업무에 전념하다가, 미국MSNBC와 Microsoft로 이직하여 범용 소프트웨어 테스트 자동화 기법(UI Test, API Test, Visual Inspection 및 Accessibility Test 등) 을 다양하게 경험하였습니다. 현재, 미국 T-Mobile에서 테스트자동화 프레임워크 개발 및 운영을 10여년동안 담당하고 있으며, Performance test, Codeless Test 및 APM(App Performance Monitoring)도 경험하고 있습니다.

PMP(Project Management Professional) 자격을 보유하여 소프트웨어 품질 과정을 삼성멀티캠퍼스에서 강의한 바 있으며, SPICE(Software Process Improvement and Capability Determination) 심사원, CISA(Certified Information Systems Auditor), SAFe(Scaled Agile Framework) 자격을 보유한 바 있습니다.

네이버 블로그(https://blog.naver.com/jtum)를 통해 소프트웨어 테스트와 프로젝트관리 기법을

공유하고 있습니다.

이 책의 대상독자

이 책은 아래의 사항을 숙지한 프로그래머를 대상으로 하고 있습니다.

- Java 프로그래밍 언어 기초
- Java용 에디터 사용
- Java 프로그램 실행

예제소스 : https://gitlab.com/testautomation_lectures/testautomation_jdk22

문의 : 책 내용에 대한 질문은 저자의 이메일로 부탁드립니다.

SECTION

2 소프트웨어 테스트 환경구축

본 장에서는 소프트웨어 테스트환경을 구축하는 순서와 방법을 설명합니다.

본 문서에서 제안하는 환경은 오픈소스를 이용하여 쉽고 빠르게 테스트환경을 구축하기 위해 아래와 같은 도구들을 사용하고 있습니다.

도구	설명
Git	• 소스코드 저장소
Eclipse	• 테스트코드 에디터
Selenium	• UI 제어 프레임워크
TestNg	• 테스트 코드제어 프레임워크
Maven	• 테스트코드 빌더
JDK	• JAVA 개발툴

각각의 오픈소스 Tool들은 연동을 고려하여 정확한 버전을 사용해야 하며, 툴의 설치방법은 운영체제에 따라 다를 경우, 설명을 추가하니 참조바랍니다.

각각의 tool들은 설치할 때, 현재 상태를 기준으로 구성을 자동으로 설정해주는 경우가 많으므로 설정의 편리를 위헤 아래와 같은 순서로 설치하는 것을 권장합니다.

1. 자바개발툴(JDK)
2. Maven
3. TestNg
4. Selenium
5. Eclipse
6. Git

자바개발툴(JDK) 설치

JDK는 일반적으로 2가지 종류가 있습니다.

Oracle에서 배포하는 LTS(Long Term Support)와 OpenSource에서 배포하는 STS(Short Term Support)이. 2가지 종류는 모두 무료입니다. 2종류의 차이는 업그레이드 주기이며, LTS는 보통 1년1회 업그레이드하고, STS는 보통 1년2회이며, STS는 보통 openJDK로도 불리웁니다.

JDK는 여러버전이 있으나, Selenium은 JDK11이상이 필요하며, Java editor인 Eclipse 2024 version은 JDK21이상이 필요하므로 JDK22을 설치하는 것을 권장합니다.

Try it Oracle JDK22을 설치해봅니다.

1. "JDK22"을 구글링하여 https://www.oracle.com/java/technologies/downloads/#jdk22-windows 페이지를 방문합니다.
2. 리스트에서 본인에게 맞는 운영체제를 선택해서 다운로드합니다.(여기서는 Windows x64 installer)를 선택합니다.

JDK Development Kit 22.0.1 downloads

JDK 22 binaries are free to use in production and free to redistribute, at no cost, under the Oracle No-Fee Terms and Conditions (NFTC).

JDK 22 will receive updates under these terms, until September 2024, when it will be superseded by JDK 23.

Linux macOS Windows

Product/file description	File size	Download
x64 Compressed Archive	184.14 MB	https://download.oracle.com/java/22/latest/jdk-22_windows-x64_bin.zip (sha256)
x64 Installer	164.31 MB	https://download.oracle.com/java/22/latest/jdk-22_windows-x64_bin.exe (sha256)
x64 MSI Installer	163.06 MB	https://download.oracle.com/java/22/latest/jdk-22_windows-x64_bin.msi (sha256)

3. 클릭하면 다운로드가 시작되며, 완료된 후에는 기본값으로 설치합니다.
4. 윈도우 운영체제에서 설치하는 경우, 프로그램이 종료하면, JDK path를 아래와 같이 추가합니다.
   "c:/Program Files/Java/jdk22.0.1/bin"

❺ 운영체제 콘솔을 열어 아래와 같이 설치 확인합니다.

```
C:\Users\admin>java -version
java version "22.0.1" 2024-04-16
Java(TM) SE Runtime Environment (build 22.0.1+8-16)
Java HotSpot(TM) 64-Bit Server VM (build 22.0.1+8-16, mixed mode, sharing)
```

Maven 설치

Java build tool은 Java application을 컴파일하는 툴로써 Ant, Maven, 그리고 Griddle이 있는데, 여기서는 라이브러리 연동이 편리한 Maven을 사용합니다.

Try it Maven 을 설치해봅니다.

❶ "Maven download"을 구글링하여 https://maven.apache.org/download.cgi 페이지를 방문합니다.

❷ Files 섹션에서 최신버전을 선택하면 다운로드가 시작됩니다.
IOS에는 Tar를, Windows에는 Zip 파일을 선택합니다.

Files

Maven is distributed in several formats for your convenience. Simply pick a ready-made binary distribution archive and follow the installation instructions. Use a source archive if you intend to build Maven yourself.

In order to guard against corrupted downloads/installations, it is highly recommended to verify the signature of the release bundles against the public KEYS used by the Apache Maven developers.

	Link	Checksums	Signature
Binary tar.gz archive	apache-maven-3.9.6-bin.tar.gz	apache-maven-3.9.6-bin.tar.gz.sha512	apache-maven-3.9.6-bin.tar.gz.asc
Binary zip archive	apache-maven-3.9.6-bin.zip	apache-maven-3.9.6-bin.zip.sha512	apache-maven-3.9.6-bin.zip.asc
Source tar.gz archive	apache-maven-3.9.6-src.tar.gz	apache-maven-3.9.6-src.tar.gz.sha512	apache-maven-3.9.6-src.tar.gz.asc
Source zip archive	apache-maven-3.9.6-src.zip	apache-maven-3.9.6-src.zip.sha512	apache-maven-3.9.6-src.zip.asc

❸ 윈도우 운영체제에서 설치하는 경우, zip file을 "c:/Program Files/Apache/maven"에서 풀어주고. 아래와 같이 환경변수와 path를 추가합니다.
M2_HOME : c:/Program Files/Apache/maven/apache-maven-3.9.6
MAVEN_HOME : c:/Program Files/Apache/maven/apache-maven-3.9.6
path : %M2_HOME%/bin

❹ 운영체제 콘솔을 열어 아래와 같이 설치확인 합니다.

```
C:\Users\admin>mvn -version
Apache Maven 3.9.6 (bc0240f3c744dd6b6ec2920b3cd08dcc295161ae)
Maven home: c:\Program Files\Apache\maven\apache-maven-3.9.6
Java version: 22.0.1, vendor: Oracle Corporation, runtime: c:\Program Files\Java\jdk-22
Default locale: en_US, platform encoding: UTF-8
OS name: "windows 11", version: "10.0", arch: "amd64", family: "windows"
```

TestNg설치

TestNg는 테스트 코드의 실행을 제어하는 프레임워크로써 junit 보다 더 상세하게 제어하는 기능을 제공합니다.

Try it Pom.xml의 dependency 섹션에 아래를 추가합니다.

```
<dependency>
  <groupId>org.testng</groupId>
  <artifactId>testng</artifactId>
  <version>7.7.1</version>
</dependency>
```

참조 https://testng.org/doc/

Selenium설치

Selenium은 Web Application에 대한 오프소스 테스트자동화 프레임워크로써 각종 Browser의 제어를 지원합니다.

Try it Pom.xml의 dependency 섹션에 아래를 추가합니다.

```
<dependency>
  <groupId>org.seleniumhq.selenium</groupId>
  <artifactId>selenium-java</artifactId>
  <version>4.20.0</version>
</dependency>
```

참조 https://www.selenium.dev/documentation/webdriver/getting_started/install_library/

Selenium은 각 Browser와 test code를 연동하기 위해 드라이버를 다운로드하여 사용합니다. Selenium 4.0에서는 특별한 경우를 제외하고는 드라이버는 자동으로 다운로드 됩니다.

수동으로 다운로드하려면 https://www.selenium.dev/ecosystem/를 방문하여 Browser를 선택한 후, 원하는 운영체제와 사용하는 Browser의 버전과 맞는 드라이버를 다운로드합니다. 만약, 버전이 일치하지 않으면 Browser는 구동되지 않습니다. BrowserOption절에서 상세히 설명합니다.

Eclipse 설치

Java 프로그램의 개발용 에디터는 매우 많이 있습니다만 여기서는 오픈소스인 Eclipse를 설치하는 것을 소개합니다. 에디터는 본인이 잘하는 것을 설치하는 것이 좋습니다. Eclipse는 최적의 Java application개발을 지원하도록 모든 디버그툴이 통합되어 있습니다.

Try it Eclipse을 설치해봅니다.

1. https://www.eclipse.org/downloads/packages/ 페이지를 방문합니다.
2. Eclipse에는 여러 패키지가 있습니다만 "Eclipse IDE for Enterprise Java and Web Developers"을 선택합니다. 이 패키지는 다양한 디버그툴을 제공하므로 나중에 테스트코드의 오류를 손쉽게 추적할 수 있습니다. 이 섹션에서 원하는 운영체제 파일을 다운로드합니다.

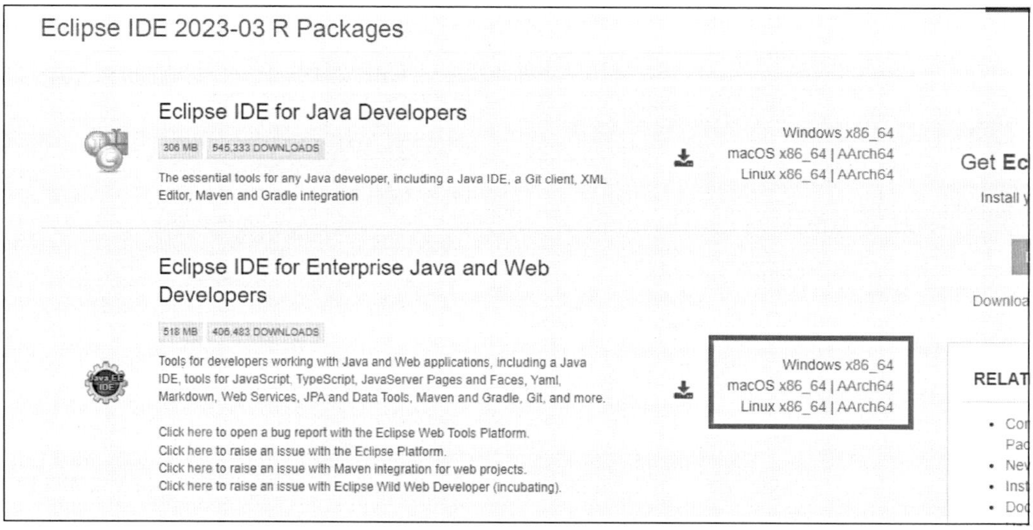

③ IOS운영체제는 설치파일이 다운로드되나, Windows용은 Zip파일이 다운로드되며, 별도의 설치과정 없이 Maven 설치와 동일하게 원하는 위치에 unzip합니다.

④ 에디터를 실행한 후, preference의 JDK가 아래와 같이 올바로 설정되어 있는 지 확인합니다. JDK가 정상적으로 설치되었으면 자동으로 감지하여 설정합니다.

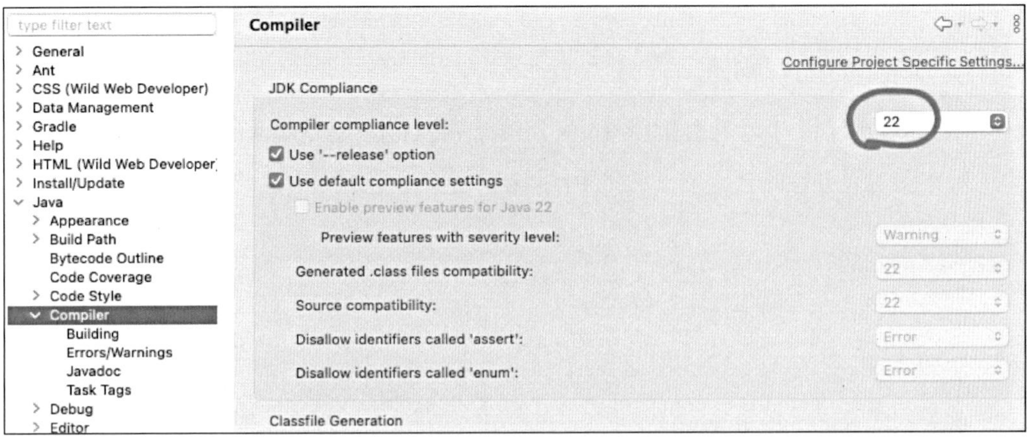

Git설치

Git은 source의 버전관리를 지원하는 Open Source Tool로써 Cloud기반의 GitLab을 사용합니다. 기본적으로 Git은 command line tool이나 Git 명령이 내장된 SourceTree라는 App도 있습니다. Gitlab을 이용하여 소스관리를 하려면, 계정을 먼저 생성해야 사용할 수 있습니다. 사용용량과 기능이 제한적인 무료계정을 생성할 수 있습니다.

Try it Git을 설치해봅니다.

① https://git-scm.com/download/win 페이지를 방문합니다.

② 운영체제에 적합한 설치파일을 다운로드하여 설치합니다.

Try it Git대신 SourceTree을 설치해봅니다.

① https://www.sourcetreeapp.com/ 페이지를 방문합니다.

② 설치파일을 다운로드한후 실행합니다.

SECTION 3

TestNg

TestNg는 Java에서 많이 쓰이는 Junit과 C코드에서 많이 쓰이는 NUnit같은 테스트 코드의 통합적인 제어를 지원하는 프레임워크로써, 아래와 같은 유용한 기능들을 지원합니다.

- Annotations.
- 테스트 메소드 단위의 쉬운 실행관리
- 병렬 실행.
- 유동적인 test configuration 설정
- Data-driven testing지원
- 파라메터를 실행시에 설정할 수 있음
- 다양한 실행모드(Test Group또는 Test Suite)
- 다양한 툴과의 호환성
- 기본적인 JDK기능과 간단한 Log report지원.

TestNg 기본구성

이 책에서는 Maven을 이용하여 TestNg의 사용법을 설명합니다. 다른 빌드 Tool은 https://testng.org/doc/를 참조하기 바랍니다.

maven에서 TestNg는 POM.xml를 통해 TestNg용 xml file을 호출하고 xml file이 관련 Testcase들을 실행시켜서 결과를 취합하여 report하는 순으로 실행됩니다.

아래 예제를 통해 TestNg의 기본구성과 실행흐름을 살펴보겠습니다.

Try it TestNg 테스트케이스를 작성합니다.

1. 아래와 같이 maven build을 위해 pom.xml로 기본적인 plugin과 관련 라이브러리 등을 구성합니다. TestNg와 JDK버전은 반드시 명시되어야 합니다.

   최신 TestNg는 JDK8이상을 지원하며, 이 책에서는 JDK22을 사용합니다.

```
<project xmlns="http://maven.apache.org/POM/4.0.0" xmlns:xsi="http://www.w3.org/2001/XMLSchema-instance" xsi:schemalocation="http://maven.apache.org/POM/4.0.0 http://maven.apache.org/xsd/maven-4.0.0.xsd">
  <modelversion>4.0.0</modelversion>
  <groupid>TA101</groupid>
  <artifactid>TestAutomation22</artifactid>
  <version>1.0.0</version>
    <properties>
        <testng.version>7.7.1</testng.version>
        <slf4j.version>2.0.7</slf4j.version>
        <project.build.sourceencoding>UTF-8</project.build.sourceencoding>
    </properties>
    <dependencies>
        <dependency>
            <groupid>org.testng</groupid>
            <artifactid>testng</artifactid>
            <version>${testng.version}</version>
        </dependency></dependencies></project>
```

https://gitlab.com/testautomation_lectures/testautomation_jdk22/-/blob/1.0.0/pom.xml

2. 또한, 아래와 같이, 실행할 TestNG xml file을 maven parameter로 처리하여 실행시점에서 유동적으로 설정할 수 있습니다.

```
    <configuration>
        <suiteXmlFiles>
            <suiteXmlFile>${project.basedir}/src/test/resources/${testsuite}.xml</suiteXmlFile>
        </suiteXmlFiles>
    </configuration>
```

3. 에디터를 이용해 새로운Package를 "ch301"로 생성하면, /src/test/java/ch301 폴더가 생성됩니다.

4. 신규 class로 "SingleTest"를 생성하면, SingleTest.java 파일이 아래와 같이 생성됩니다.

```java
package ch301;

import org.testng.annotations.Test;

public class SingleTest {

}
```

❺ Annotation 관련 Class를 import하고, 간단한 TestMethod 작성한 후, @Test라는 Testcase annotation을 기입하여 TestCase임을 설정합니다.

```java
package ch301;

import org.testng.annotations.Test;

public class SingleTest {

    @Test
    public void testWeb() {
        System.out.println("testWeb()");
    }

    @Test
    public void testMobile() {
        System.out.println("testMobile()");
    }

    @Test
    public void testAPI() {
        System.out.println("testAPI()");
    }
}
```

https://gitlab.com/testautomation_lectures/testautomation_jdk22/-/blob/1.0.0/src/test/java/ch301/SingleTest.java

❻ TestNg는 테스트케이스를 제어하기 위해 아래와 같은 xml파일을 사용합니다. Xml에 대한 사용설명은 다음 섹션을 참조바랍니다.

```
<!--?xml version="1.0" encoding="UTF-8"?-->

<suite name="test_Suite">
    <test name="test_Run" enabled="true">
        <classes>
            <class name="ch301.SingleTest">
        </class></classes>
    </test>
</suite>
```

https://gitlab.com/testautomation_lectures/testautomation_jdk22/-/blob/1.0.0/src/test/resources/testSuite301A.xml

7 "mvn clean test -Dtestsuite=testSuite301A"을 실행하면 다음과 같은 결과를 보여줍니다.

```
testAPI()
testMobile()
testWeb()
[INFO] Tests run: 3, Failures: 0, Errors: 0, Skipped: 0, Time elapsed: 0.716 s - in TestSuite
[INFO]
[INFO] Results:
[INFO]
[INFO] Tests run: 3, Failures: 0, Errors: 0, Skipped: 0
[INFO]
[INFO] ------------------------------------------------------------------------
[INFO] BUILD SUCCESS
[INFO] ------------------------------------------------------------------------
[INFO] Total time:  3.884 s
```

8 이때, surefire-reports 폴더를 보면 아래와 같이 3가지 Report를 볼 수 있습니다.

<table>
<tr><th>Report</th><th>설명</th></tr>
<tr><td>emailable-report.html</td><td>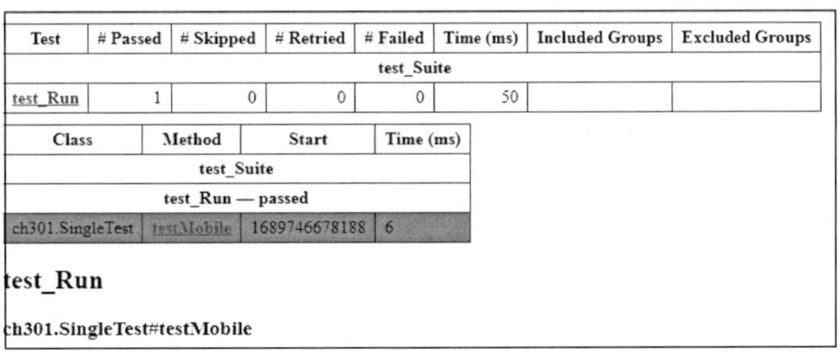
<table>
<tr><th>Test</th><th># Passed</th><th># Skipped</th><th># Retried</th><th># Failed</th><th>Time (ms)</th><th>Included Groups</th><th>Excluded Groups</th></tr>
<tr><td colspan="8">test_Suite</td></tr>
<tr><td>test_Run</td><td>1</td><td>0</td><td>0</td><td>0</td><td>50</td><td></td><td></td></tr>
</table>
<table>
<tr><th>Class</th><th>Method</th><th>Start</th><th>Time (ms)</th></tr>
<tr><td colspan="4">test_Suite</td></tr>
<tr><td colspan="4">test_Run — passed</td></tr>
<tr><td>ch301.SingleTest</td><td>testMobile</td><td>1689746678188</td><td>6</td></tr>
</table>
test_Run
ch301.SingleTest#testMobile
email style의 email에 첨부하기 좋은 포맷입니다.</td></tr>
</table>

<table>
<tr><th>Report</th><th>설명</th></tr>
<tr><td>index.html</td><td>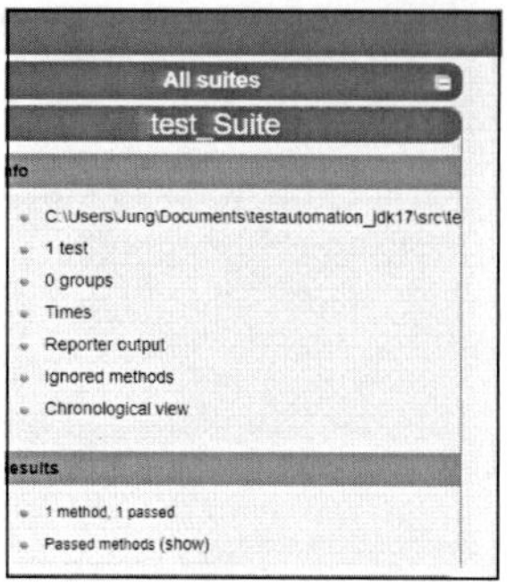

html 형식의 interactive report입니다.</td></tr>
<tr><td>testng-results.xml</td><td>▼<testng-results ignored="2" total="3" passed="1" failed="0" skipped="0">
<reporter-output> </reporter-output>
▼<suite started-at="2023-07-18T23:04:38 PDT" name="test_Suite" finished-at="2023-07-1
<groups> </groups>
▼<test started-at="2023-07-18T23:04:38 PDT" name="test_Run" finished-at="2023-07-18
▼<class name="ch301.SingleTest">
▼<test-method signature="testMobile()[pri:0, instance:ch301.SingleTest@3967e60c]
finished-at="2023-07-18T23:04:38 PDT" duration-ms="6" status="PASS">
<reporter-output> </reporter-output>
</test-method>
<!-- testMobile -->
</class>
<!-- ch301.SingleTest -->
</test>
<!-- test_Run -->
</suite>
<!-- test_Suite -->
</testng-results>
테스트 시작, 완료시간 등이 상세히 명시되어 있습니다.</td></tr>
</table>

TestNg계층

TestNg의 계층은 코드관리와 실행관리를 위해 사용되는 구성으로써 TestNg를 실행하기 위해서는 필수 요소입니다.

기본적인 저장계층은 다음 그림과 같이Test Suite > Test Class(Package) > Test(Testcase또는 Test method)순으로 구성됩니다.

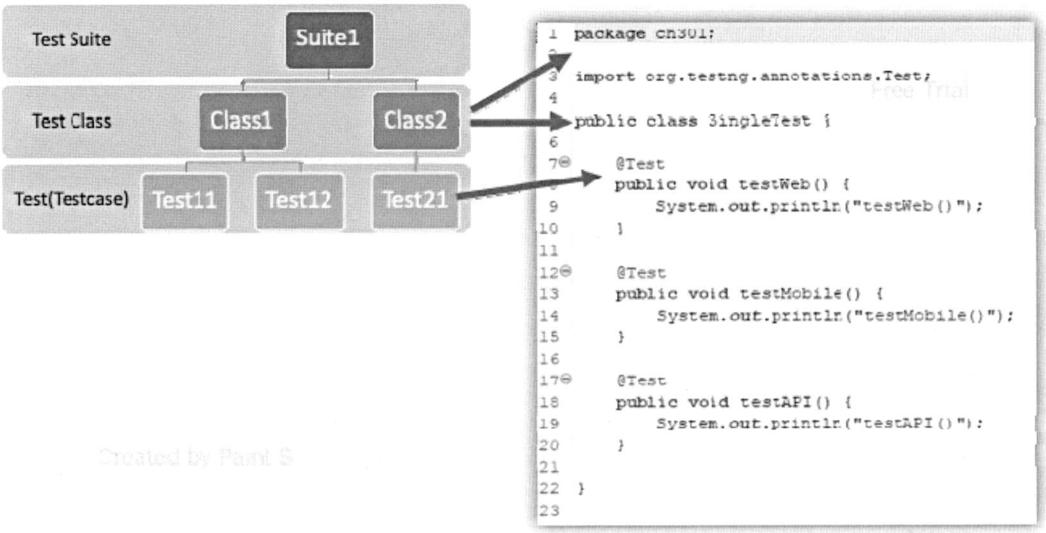

테스트의 실행관리는 기본적인 저장계층을 물리적으로 관리하는 정적계층과 Test Group계층을 추가하여 테스트케이스들을 동적 group으로 묶어서 관리하는 동적인 계층으로 구성할 수 있습니다.

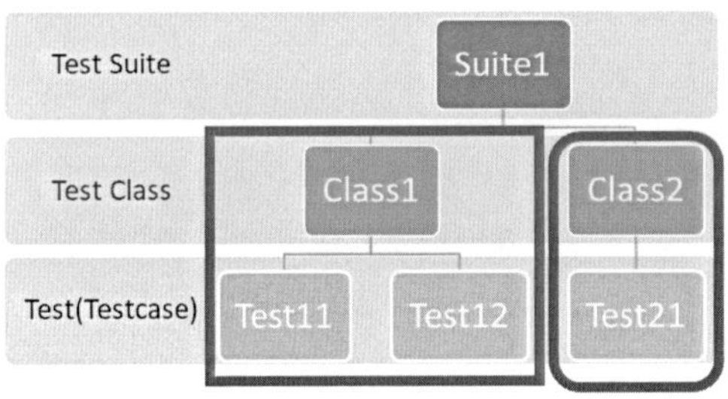

정적 계층

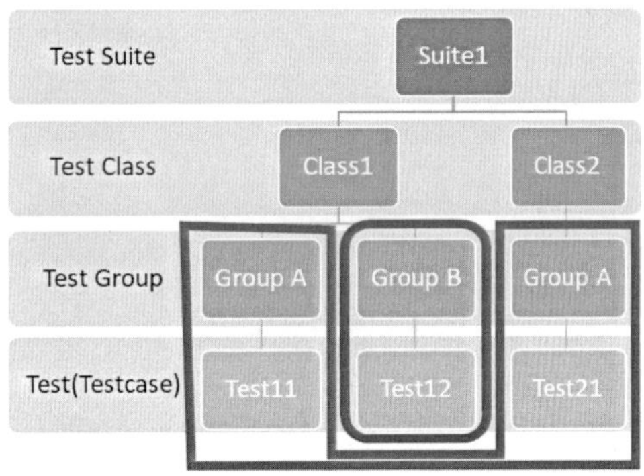

동적 계층

Test Group의 기본값은 아래 그림과 같이 TestClass와 동일합니다. TestGroup은 "동적계층"에서 설명합니다.

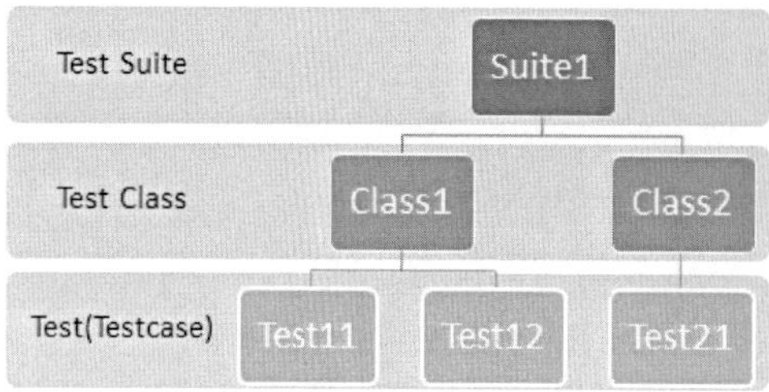

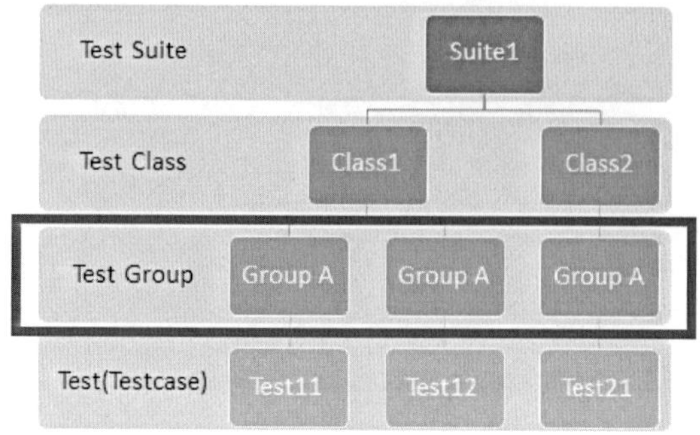

또한 TestNg는 실행할 때 아래그림과 같이 "Test"라는 계층이 추가되어 테스트 결과관리(실행 횟수나 테스트케이스 재사용 등)를 제공합니다. 즉, 여기서 Test는 Test Run(테스트 구동)을 의미합니다. 예를 들면, Test A 에서 Test11과 Test12를 수행하고, Test B에서 Test11과 Test21을 수행하도록 설정할 수 있습니다. 이때. Test11은 2개의 TestRun에서 수행되므로 코드의 재사용 효과를 볼 수 있습니다.

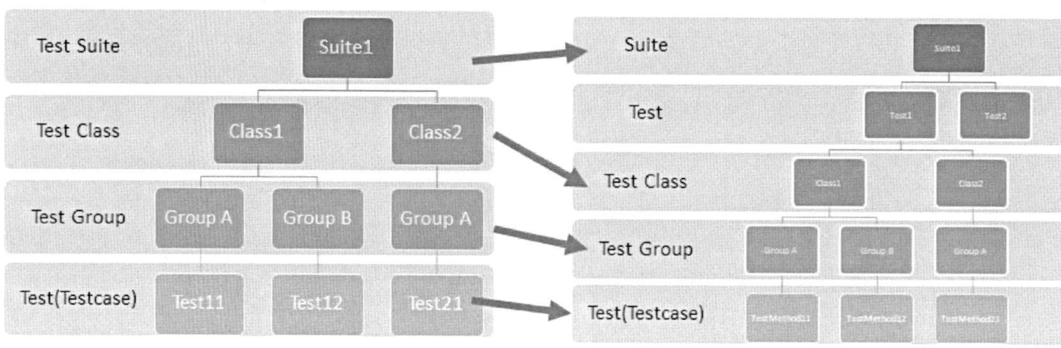

Testcase의 저장계층　　　　Testcase의 실행계층

정적 계층

TestNg의 기본적인 정적제어는 아래와 같은 xml file을 구성하여 제어하며, 기본적인 JAVA의 Object 계층인 Project > Package > Class를 지원하며, 리포트 생성시 이 계층이 그대로 적용됩니다.

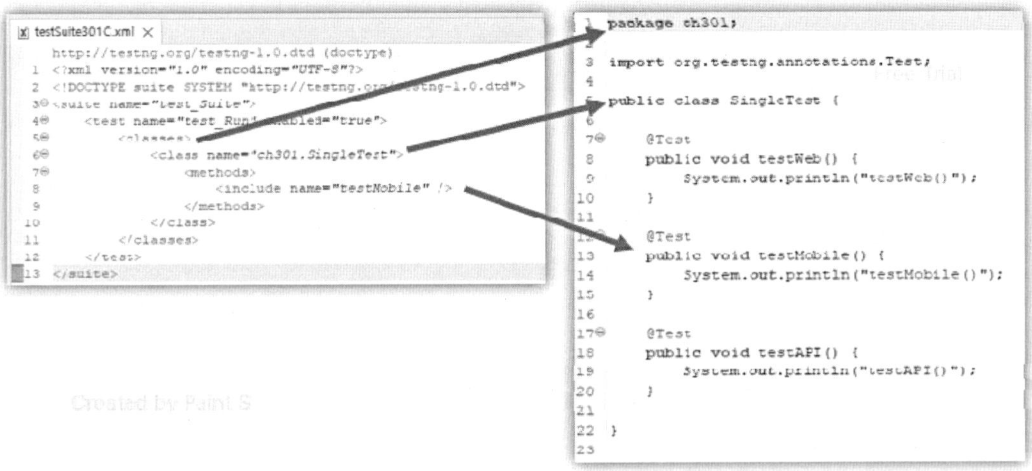

Object간의 매핑은 아래와 같습니다.

TestNg	Java
Suite	Project
Test	Group of packages, Group of classes
Package	package
Class	Class
Method	Method

Xml file내의 Test는 테스트 실행결과를 관리하는 계층으로써 TestRun이라고도 불리며, package group이나 class group단위로 관리할 때 사용합니다.

Try it 테스트케이스를 클래스단위로 제어합니다.

① 아래 작성한 Xml은 클래스단위의 제어를 보여줍니다. 여러 개의 테스트케이스들이 있는 클래스를 제어하는 방식으로 복수개의 테스트케이스들을 간편하게 제어할 수 있습니다.

```xml
<!--?xml version="1.0" encoding="UTF-8"?-->

<suite name="test_Suite">
    <test name="test_Run" enabled="true">
        <classes>
            <class name="ch301.SingleTest" />
        </classes>
    </test>
</suite>
```

https://gitlab.com/testautomation_lectures/testautomation_jdk22/-/blob/1.0.0/src/test/resources/testSuite301A.xml

② "mvn clean test -Dtestsuite=testSuite301A"을 실행한 결과는 다음과 같습니다.

```
testAPI()
testMobile()
testWeb()
[INFO] Tests run: 3, Failures: 0, Errors: 0, Skipped: 0, Time elapsed: 0.716 s - in TestSuite
[INFO]
[INFO] Results:
[INFO]
[INFO] Tests run: 3, Failures: 0, Errors: 0, Skipped: 0
[INFO]
[INFO] ------------------------------------------------------------------------
[INFO] BUILD SUCCESS
[INFO] ------------------------------------------------------------------------
[INFO] Total time:  3.884 s
```

Try it 테스트케이스를 패키지단위로 제어합니다.

① 패키지 단위로 실행관리하는 경우에는 Class대신 Package를 정의합니다. 아래는 package 실행제어 사례입니다.

```xml
<!--?xml version="1.0" encoding="UTF-8"?-->

<suite name="test_Suite">
    <test name="test_Run" enabled="true">
        <packages>
            <package name="ch301" />
        </packages>
    </test>
</suite>
```

https://gitlab.com/testautomation_lectures/testautomation_jdk22/-/blob/1.0.0/src/test/resources/testSuite301B.xml

② "mvn clean test -Dtestsuite=testSuite301B"을 실행한 결과는 다음과 같습니다.

```
[INFO] -------------------------------------------------------
[INFO]  T E S T S
[INFO] -------------------------------------------------------
[INFO] Running TestSuite
testAPI()
testMobile()
testWeb()
[INFO] Tests run: 3, Failures: 0, Errors: 0, Skipped: 0, Time elapsed: 0.668 s - in TestSuite
[INFO]
[INFO] Results:
[INFO]
[INFO] Tests run: 3, Failures: 0, Errors: 0, Skipped: 0
```

Try it 테스트케이스를 테스트케이스 단위로 제어합니다.

① 테스트케이스 단위로 실행관리하는 경우에는 Class내부에 method를 정의합니다. Method는 TestNg에서 관리는 기본단위를 물리적으로 명칭하는 것으로 TestCase와 같은 단위입니다.

```
<!--?xml version="1.0" encoding="UTF-8"?-->

<suite name="test_Suite">
    <test name="test_Run" enabled="true">
        <classes>
            <class name="ch301.SingleTest">
                <methods>
                    <include name="testMobile" />
                </methods>
            </class>
        </classes>
    </test>
</suite>
```

https://gitlab.com/testautomation_lectures/testautomation_jdk22/-/blob/1.0.0/src/test/resources/testSuite301C.xml

② "mvn clean test -Dtestsuite=testSuite301C"을 실행한 결과는 다음과 같습니다.

```
[INFO] -------------------------------------------------------
[INFO]  T E S T S
[INFO] -------------------------------------------------------
[INFO] Running TestSuite
testMobile()
[INFO] Tests run: 1, Failures: 0, Errors: 0, Skipped: 0, Time el
[INFO]
[INFO] Results:
[INFO]
[INFO] Tests run: 1, Failures: 0, Errors: 0, Skipped: 0
```

동적 계층

동적계층은 Test Group을 통해, 즉 Testcase가 속한 Testclass를 실행시점에서 재구성하여 실행함으로써 동일 테스트를 다른 테스트에서도 사용할 수 있어, 코드 재 사용률을 높입니다.

Test Group은Annotation "Test"의 속성 "groups"로 정의합니다.

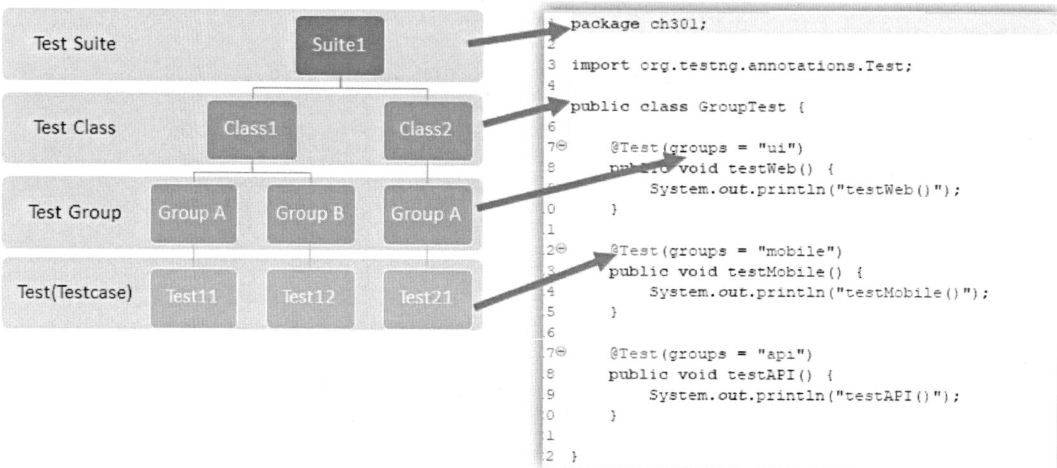

소스에서 보는 바와 같이, 각각의 테스트케이스들을 Group에 할당하고 실행하고자 하는 group은 xml에 지정하여 실행합니다.

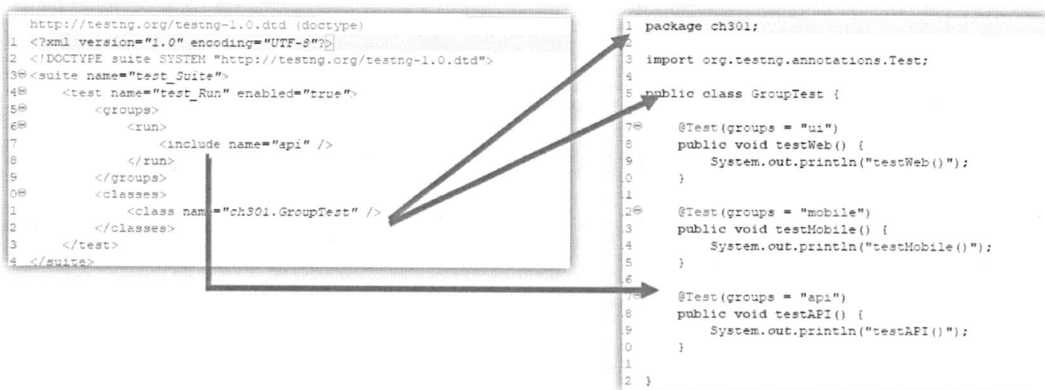

위의 그림과 같이 xml에서 "api" group의 testcase만 실행하도록 정의하면 testAPI()만 실행됩니다. 복수개의 Group을 실행시킬 수 있으므로, 만약, "ui"그룹과 "api" 그룹을 같이 실행시키면,

전체 테스트케이스를 실행하는 것과 같은 결과를 보입니다.

Try it 테스트케이스를 Test Group단위로 제어합니다.

❶ 기존 소스에 group attribute를 아래와 같이 추가해봅니다.
ui, mobile 그리고 api를 정의하였고, ui에는 testWeb(), mobile에는 testMobile(), 그리고 api에는 testAPI()를 할당하였습니다.

```java
package ch301;

import org.testng.annotations.Test;

public class GroupTest {

    @Test(groups = "ui")
    public void testWeb() {
        System.out.println("testWeb()");
    }

    @Test(groups = "mobile")
    public void testMobile() {
        System.out.println("testMobile()");
    }

    @Test(groups = "api")
    public void testAPI() {
        System.out.println("testAPI()");
    }
}
```

https://gitlab.com/testautomation_lectures/testautomation_jdk22/-/blob/1.0.0/src/test/java/ch301/GroupTest.java

❷ Xml에는 Groups를 추가하고 “api” group내의 테스트케이스들만 실행합니다.

```xml
<suite name="test_Suite">
    <test name="test_Run" enabled="true">
        <groups>
            <run>
                <include name="api" />
            </run>
        </groups>
        <classes>
            <class name="ch301.GroupTest" />
```

```
        </classes>
    </test>
</suite>
```

https://gitlab.com/testautomation_lectures/testautomation_jdk22/-/blob/1.0.0/src/test/resources/testSuite301D.xml

③ “mvn clean test -Dtestsuite=testSuite301D”을 실행한 결과는 다음과 같습니다.

```
[INFO] -------------------------------------------------------
[INFO]  T E S T S
[INFO] -------------------------------------------------------
[INFO] Running TestSuite
testAPI()
[INFO] Tests run: 1, Failures: 0, Errors: 0, Skipped: 0, Time elapsed: 0.71
[INFO]
[INFO] Results:
[INFO]
[INFO] Tests run: 1, Failures: 0, Errors: 0, Skipped: 0
[INFO]
```

Annotation

일반적으로 Annotation은 내용에 대한 보조설명을 지칭할 때 사용하나, TestNg는 테스트를 세부적으로 실행 제어하는 데 사용합니다. 사용가능한 Annotation들은 아래와 같습니다.

Annotation	설명
@BeforeSuite	모든 Suite이 실행되기 전에 이 메소드는 실행됩니다. Suite이 실행될 때마다 수행됩니다.
@BeforeClass	해당Class가 실행되기 전에 이 메소드는 실행되며, 클래스가 실행될 때마다 실행합니다.
@BeforeGroups	해당 Groups가 실행되기 전에 이 메소드는 실행합니다.
@BeforeTest	해당 클래스내의 모든 Testcase가 실행되기 전에 이 메소드는 실행됩니다.
@Test	일반적인 TestMethod이며, Testcase를 정의합니다.
@AfterTest	해당 클래스내의 Tescase가 실행된 후에 이 메소드는 실행됩니다.
@AfterGroups	해당 Groups가 실행된 후에 이 메소드는 실행합니다.
@AfterClass	해당Class가 실행된 후에 이 메소드는 실행되며, 클래스가 실행될 때마다 실행합니다.
@AfterSuite	모든 Suite이 실행된 후에 이 메소드는 실행됩니다.

Annotation	설명
@BeforeMethod	각각의 Testcase가 실행되기 전에 실행하는 method입니다.
@AfterMethod	각각의 Testcase가 실행된 후에 실행하는 method입니다.
@DataProvider	테스트실행시 데이터를 입력 받을 경우에 사용합니다.
@Factory	실행시점에서 테스트케이스를 변경하는 유동적인 테스트케이스 구성시 사용합니다.
@Listeners	Testclass에 testcase의 상태를 제어하는 listener를 정의합니다.
@Parameters	Testcase에 간단한 데이터를 주고 받을때 사용합니다.

Annotation은 아래 그림과 같이 각각의 계층별로 작동되나, @data provider, @Parameters, @Factory, 와 @Listener는 계층과 무관하게 특정한 상황에서 실행됩니다.

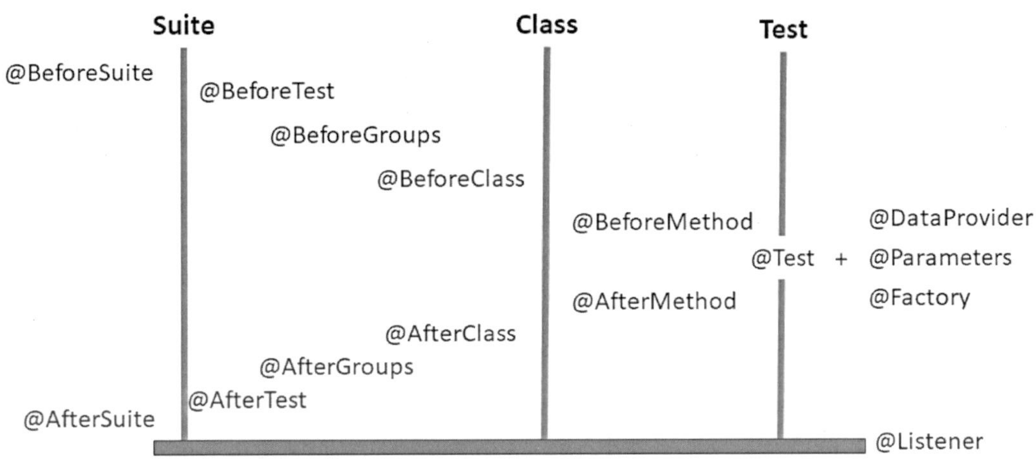

Try it 이벤트 Annotation을 활용합니다.

1. @BeforeSuite, @AfterSuite, @BeforeTest, @AfterTest, @BeforeGroups, @AfterGroups, @BeforeClass, @AfterClass, @BeforeMethod, @AfterMethod와 @Test를 이용하여 아래와 같이 코드를 작성합니다.

```
package ch302;

import org.testng.annotations.AfterClass;
import org.testng.annotations.AfterGroups;
import org.testng.annotations.AfterMethod;
import org.testng.annotations.AfterSuite;
```

```
import org.testng.annotations.AfterTest;
import org.testng.annotations.BeforeClass;
import org.testng.annotations.BeforeGroups;
import org.testng.annotations.BeforeMethod;
import org.testng.annotations.BeforeSuite;
import org.testng.annotations.BeforeTest;
import org.testng.annotations.Test;

public class AnnotationTest {

    @BeforeSuite
    public void beforeSuite() {
        System.out.println("beforeSuite()");
    }

    @BeforeClass
    public void beforeclass() {
        System.out.println("beforeclass()");
    }

    @BeforeTest
    public void beforeTest() {
        System.out.println("beforeTest()");
    }

    @BeforeGroups("ui")
    public void beforeGroups() {
        System.out.println("beforeGroups()");
    }

    @AfterGroups("ui")
    public void afterGroups() {
        System.out.println("afterGroups()");
    }

    @BeforeMethod
    public void beforeMethod() {
        System.out.println("beforeMethod()");
    }

    @AfterMethod
    public void afterMethod() {
        System.out.println("afterMethod()");
    }

```

```java
    @Test(groups = "ui")
    public void testWeb() {
        System.out.println("testWeb()");
    }

    @Test(groups = "mobile")
    public void testMobile() {
        System.out.println("testMobile()");
    }

    @Test(groups = "api")
    public void testAPI() {
        System.out.println("testAPI()");
    }

    @AfterTest
    public void afterTest() {
        System.out.println("afterTest()");
    }

    @AfterClass
    public void afterClass() {
        System.out.println("afterClass()");
    }

    @AfterSuite
    public void afterSuite() {
        System.out.println("afterSuite()");
    }
}
```

https://gitlab.com/testautomation_lectures/testautomation_jdk22/-/blob/1.0.0/src/test/java/ch302/AnnotationTest.java

❷ xml에 클래스를 지정합니다.

```xml
<suite name="test_Suite">
    <test name="Before_After_EventTest" enabled="true">
        <classes>
            <class name="ch302.AnnotationTest" />
        </classes>
    </test>
</suite>
```

https://gitlab.com/testautomation_lectures/testautomation_jdk22/-/blob/1.0.0/src/test/resources/testSuite302A.xml

❸ 실행하면 아래와 같은 결과를 보입니다.

```
[INFO] Running TestSuite
beforeSuite()
beforeTest()
beforeclass()
beforeMethod()
testAPI()
afterMethod()
beforeMethod()
testMobile()
afterMethod()
beforeGroups()
beforeMethod()
testWeb()
afterMethod()
afterGroups()
afterClass()
afterTest()
afterSuite()
[INFO] Tests run: 3, Failures:
```

@BeforeClass와 @AfterClass는 해당 class가 실행될 때 전후로 실행되며, 정의된 class내에서만 동작합니다.

@BeforeMethod와 @AfterMethod는 @Test가 실행될 때 전후로 실행되므로testAPI(),testWeb()과 testMobile()전후에 모두 실행됩니다. 정의된 class내에서만 동작합니다.

@BeforeTest, @AfterTest는 xml의 <test>tag의 전후로 실행됩니다.

@BeforeGroups, @AfterGroups는 지정한 그룹이 실행될 경우에 실행되므로 testWeb() 전후에 실행된 것을 볼 수 있습니다.

Try it @Factory를 사용해 봅니다. @Factory는 TestMethod를 특정한 조건이나 데이터를 이용하여 실행할 때 사용합니다. 예를 들면, 선행테스트의 결과에 따라, 후속테스트가 다를 경우에 사용합니다.

❶ 간단한 Testcase를 클래스내에 작성합니다.

```
package ch302;

import org.testng.annotations.Test;

public class SimpleFactory {
    @Test
    public void simpleMethod(){
        System.out.println("simpleMethod()");
    }
}
```

https://gitlab.com/testautomation_lectures/testautomation_jdk22/-/blob/1.0.0/src/test/java/ch302/SimpleFactory.java

❷ @Factory를 이용하여 앞서 정의한 클래스를 호출합니다.

```java
package ch302;

import org.testng.annotations.Factory;

public class AnnotationFactory {
    @Factory
    public Object[] factoryMethod() {
        return new Object[]{
            new SimpleFactory(),
            new SimpleFactory()
            };
    }
}
```

https://gitlab.com/testautomation_lectures/testautomation_jdk22/-/blob/1.0.0/src/test/java/ch302/AnnotationFactory.java

③ Xml에 @factory가 정의된 class를 실행시킵니다.

```xml
<suite name="test_Suite">
    <test name="Factorytest" enabled="true">
        <classes>
            <class name="ch302.AnnotationFactory" />
        </classes>
    </test>
</suite>
```

https://gitlab.com/testautomation_lectures/testautomation_jdk22/-/blob/1.0.0/src/test/resources/testSuite302B.xml

④ @Factory에서 simpleMethod를 2번 호출하였으므로 아래와 같은 결과를 보입니다.

```
[INFO] Running TestSuite
simpleMethod()
simpleMethod()
[INFO] Tests run: 2, Failures: 0,
```

Try it Listener를 정의해봅니다. Listener는 TestNg가 테스트의 시작과 끝에 각각 실행되는 이벤트를 제어하는 방법으로써 사용자가 추가로 실행 가능하도록 override를 허용하고 있습니다. 이를 이용하여 사용자 정의 기능을 추가하면 테스트의 시작과 종료에 자동으로 실행됩니다. 예를 들면, 테스트결과에 대한 리포트 생성 시, 이를 이용할 수 있습니다.

① 간단한 sampletest를 작성합니다. 2개중 1개는 항상 실패하는 테스트케이스입니다.

```java
package ch302;

import org.testng.Assert;
import org.testng.annotations.Test;

public class SampleTest {
    @Test
    public void alwaysPassed(){
        System.out.println("Test case has psssed");
        Assert.assertTrue(true);
    }
    @Test
    public void alwaysFailed(){
        System.out.println("Test case has failed");
        Assert.assertTrue(false);
    }
}
```

https://gitlab.com/testautomation_lectures/testautomation_jdk22/-/blob/1.0.0/src/test/java/ch302/SampleTest.java

❷ 이벤트를 수신하는 listener를 정의하고 각각의 이벤트에 출력문을 추가합니다.

```java
package ch302;

import org.testng.ITestContext;
import org.testng.ITestListener;
import org.testng.ITestResult;

public class ListenerTest  implements ITestListener{
    @Override
    public void onTestStart(ITestResult result) {
        System.out.println("onTestStar()");
    }

    @Override
    public void onTestSuccess(ITestResult result) {
        System.out.println("Success of test cases and its details are : "+result.getName());
    }

    @Override
    public void onTestFailure(ITestResult result) {
        System.out.println("Failure of test cases and its details are : "+result.getName());
```

```java
    }

    @Override
    public void onTestSkipped(ITestResult result) {
        System.out.println("Skip of test cases and its details are : "+result.getName());
    }

    @Override
    public void onTestFailedButWithinSuccessPercentage(ITestResult result) {
        System.out.println("Failure of test cases and its details are : "+result.getName());
    }

    @Override
    public void onStart(ITestContext context) {
        System.out.println("onStart()");
    }

    @Override
    public void onFinish(ITestContext context) {
        System.out.println("onFinish()");
    }
}
```

https://gitlab.com/testautomation_lectures/testautomation_jdk22/-/blob/1.0.0/src/test/java/ch302/ListenerTest.java

❸ Xml에 Listener를 정의합니다.

```xml
<suite name="Suite">
    <listeners>
      <listener class-name="ch302.ListenerTest">
    </listener></listeners>
    <test thread-count="5" name="Test">
      <classes>
        <class name="ch302.SampleTest" />
      </classes>
    </test>
</suite>
```

https://gitlab.com/testautomation_lectures/testautomation_jdk22/-/blob/1.0.0/src/test/resources/ch302E.xml

❹ 테스트결과는 이벤트에 정의된 내용을 출력합니다.

```
[INFO] Running TestSuite
onStart()
onTestStar()
Test case has failed
Failure of test cases and its details are : alwaysFailed
onTestStar()
Test case has psssed
Success of test cases and its details are : alwaysPassed
onFinish()
[ERROR] Tests run: 2, Failures: 1, Errors: 0, Skipped: 0, Ti
```

테스트 실행제외

테스트를 재실행할 때, 특정 테스트케이스나 특정 테스트를 제외해야 하는 경우가 있습니다. TestNg는 package , class 와 테스트케이스 계층별로 실행을 제외할 수 있습니다.

Try it xml에서 package 전체를 실행 제외합니다. 이 방법은 소스레벨의 변경이 필요 없습니다.

① 앞서 정상적으로 실행한 패키지를 제외합니다. enabled="false"

```
<suite name="Suite">
    <listeners>
      <listener class-name="ch302.ListenerTest">
    </listener></listeners>
    <test thread-count="5" name="Test">
      <classes>
        <class name="ch302.SampleTest" />
      </classes>
    </test>
 </suite>
```

https://gitlab.com/testautomation_lectures/testautomation_jdk22/-/blob/1.0.0/src/test/resources/ch303A.xml

② 패키지 전체가 제외되었습니다.

```
-------------------------------------------------------
 T E S T S
-------------------------------------------------------
Running TestSuite
Tests run: 0, Failures: 0, Errors: 0, Skipped: 0,
```

Try it @ignore를 이용하여 package 전체를 실행 제외합니다.

❶ 앞서 정상적으로 수행했던 클래스를 패키지에 삽입합니다.

```
package ch303;

import org.testng.Assert;
import org.testng.annotations.Test;

public class SampleTest {
    @Test
    public void alwaysPassed(){
        System.out.println("Test case has psssed");
        Assert.assertTrue(true);
    }
    @Test
    public void alwaysFailed(){
        System.out.println("Test case has failed");
        Assert.assertTrue(false);
    }
}
```

https://gitlab.com/testautomation_lectures/testautomation_jdk22/-/blob/1.0.0/src/test/java/ch303/SampleTest.java

❷ Package-info.java에 @ignore를 삽입합니다.

```
@Ignore
package ch303;

import org.testng.annotations.Ignore;
```

https://gitlab.com/testautomation_lectures/testautomation_jdk22/-/blob/1.0.0/src/test/java/ch303/package-info.java

❸ Xml에는 정상적으로 수행하도록 정의합니다.

```
<suite name="test_Suite">
    <test name="IgonorePkg" enabled="true">
        <packages>
            <package name="ch303" />
        </packages>
    </test>
</suite>
```

https://gitlab.com/testautomation_lectures/testautomation_jdk22/-/blob/1.0.0/src/test/resources/ch303B.xml

④ 패키지전체가 @ignore에 의해 제외되었습니다.

```
-------------------------------------------------------
 T E S T S
-------------------------------------------------------
Running TestSuite
Tests run: 0, Failures: 0, Errors: 0, Skipped: 0,
```

Try it xml에서class 전체를 실행 제외합니다. 이 방법은 소스레벨의 변경이 필요 없습니다.

① 앞서 정상적으로 실행한 class를 제외합니다. enabled="false"

```
<suite name="test_Suite">
    <test name="test_Run" enabled="false">
        <classes>
            <class name="ch301.SingleTest" />
        </classes>
    </test>
</suite>
```

https://gitlab.com/testautomation_lectures/testautomation_jdk22/-/blob/1.0.0/src/test/resources/ch304A.xml

② class전체가 제외되었습니다.

```
-------------------------------------------------------
 T E S T S
-------------------------------------------------------
Running TestSuite
Tests run: 0, Failures: 0, Errors: 0, Skipped: 0,
```

Try it @ignore를 이용하여 class전체를 실행 제외합니다.

① 정의된 class에 @ignore를 삽입합니다.

```
package ch304;
import org.testng.Assert;
import org.testng.annotations.Ignore;
import org.testng.annotations.Test;

@Ignore
public class IgnoreClass {
```

```java

    @Test
    public void testMethod1() {
        System.out.println("testMethod1()");
        Assert.assertTrue(true);
    }

    @Test
    public void testMethod2() {
        System.out.println("testMethod2()");
        Assert.assertTrue(true);
    }
}
```

https://gitlab.com/testautomation_lectures/testautomation_jdk22/-/blob/1.0.0/src/test/java/ch304/IgnoreClass.java

❷ Xml에는 정상적으로 수행하도록 정의합니다.

```xml
<suite name="test_Suite">
    <test name="IgnoreClass" enabled="true">
        <classes>
            <class name="ch304.IgnoreClass" />
        </classes>
    </test>
</suite>
```

https://gitlab.com/testautomation_lectures/testautomation_jdk22/-/blob/1.0.0/src/test/resources/ch304B.xml

❸ 클래스 전체가 @ignore에 의해 제외되었습니다.

```
-------------------------------------------------------
 T E S T S
-------------------------------------------------------
Running TestSuite
Tests run: 0, Failures: 0, Errors: 0, Skipped: 0,
```

Try it 특정 테스트케이스를 실행 제외합니다.

❶ @Test attribute에 enabled = false를 삽입합니다.

```java
package ch304;
import org.testng.Assert;
```

```java
import org.testng.annotations.Test;

public class IgnoreTest {

    @Test(enabled = false)
    public void testMethod1() {
        System.out.println("testMethod1()");
        Assert.assertTrue(true);
    }

    @Test
    public void testMethod2() {
        System.out.println("testMethod2()");
        Assert.assertTrue(true);
    }
}
```

https://gitlab.com/testautomation_lectures/testautomation_jdk22/-/blob/1.0.0/src/test/java/ch304/IgnoreTest.java

❷ Xml에는 정상적으로 수행하도록 정의합니다.

```xml
<suite name="test_Suite">
    <test name="IgnoreTest" enabled="true">
        <classes>
            <class name="ch304.IgnoreTest" />
        </classes>
    </test>
</suite>
```

https://gitlab.com/testautomation_lectures/testautomation_jdk22/-/blob/1.0.0/src/test/resources/ch304C.xml

❸ 특정 테스트케이스가 실행 제외되었습니다.

```
[INFO] -------------------------------------------------------
[INFO]  T E S T S
[INFO] -------------------------------------------------------
[INFO] Running TestSuite
estMethod2()
[INFO] Tests run: 1, Failures: 0, Errors: 0, Skipped: 0,
[INFO]
```

예외 테스트

예외(Exception)는 예상치 못한 에러가 발생할 경우에 시스템이나 코드가 반응하는 것으로써. 코드의 테스트시 이를 중점으로 테스트하는 경우가 있습니다. 에러에 대처하는 코드의 안정성(Stability)과 신뢰성(Reliability)를 측정하는 경우에 이를 사용합니다.

Try it Divide By Zero를 통해 예외 테스트를 해봅니다.

1. @Test attribute에 expectedException attribute를 삽입하고 예상되는 exception class를 할당합니다. 아래에서는 ArithmaticException을 예상합니다.

```
package ch305;

import org.testng.annotations.Test;

public class ExpectedException {

    @Test(expectedExceptions = ArithmeticException.class)
    public void testDividedByZero() {
        System.out.println("a = 0");
        System.out.println("b = 1/0");
        int a = 0;
        int b = 1 / a;
    }
}
```

https://gitlab.com/testautomation_lectures/testautomation_jdk22/-/blob/1.0.0/src/test/java/ch305/ExpectedException.java

2. Xml에는 일반적인 테스트 수행과 동일하게 설정합니다.

```
<suite name="test_Suite">
    <test name="exceptionTest" enabled="true">
        <classes>
            <class name="ch305.ExpectedException" />
        </classes>
    </test>
</suite>
```

https://gitlab.com/testautomation_lectures/testautomation_jdk22/-/blob/1.0.0/src/test/resources/ch305A.xml

❸ 코드를 실행되면 일반적으로는 Exception error로 인해 중단되어야 하나, 정상적으로 테스트가 수행됨을 볼 수 있습니다.

expectedException을 사용한 경우	일반적인 Exception 경우
[INFO] Running TestSuite a = 0 b = 1/0 [INFO] Tests run: 1, Fail	[INFO] Running TestSuite a = 0 b = 1/0 [ERROR] Tests run: 1, Failures: 1, Errors [ERROR] ch305.ExpectedException.testDevic java.lang.ArithmeticException: / by zero

테스트 우선순위 지정

여러 개의 테스트케이스들을 실행할 때, 순서적으로 실행해야 하는 경우가 있습니다. 예를 들면, 시스템에 login하고 데이터를 입력하는 작업이 아래와 같은 순서로 진행되는 경우, 관련된 테스트도 같은 순서로 진행해야 합니다.

시스템 login ⇨ 데이터입력 Login 테스트 ⇨ 데이터입력 테스트

그 이유는 실행 순서가 다르면, 시스템이 에러를 발생할 수도 있고, 예상과 다른 테스트 결과로 인해 재 테스트할 수 있습니다. 따라서 이 경우, 테스트의 실행순서는 매우 중요하며, TestNg는 우선순위를 지정하여 테스트케이스의 실행순서를 지정할 수 있습니다.

Try it 테스트케이스의 실행순서를 지정합니다.

❶ @Test attribute에 priority attribute를 이용하여 순서를 지정합니다.

```
package ch305;

import org.testng.annotations.Test;

public class OrderedTest1 {

```

```java
    @Test(priority = 1)
    public void testA() {
        System.out.println("testA()");
    }

    @Test(priority = 3)
    public void testB() {
        System.out.println("testB()");
    }

    @Test(priority = 2)
    public void testC() {
        System.out.println("testC()");
    }
}
```

https://gitlab.com/testautomation_lectures/testautomation_jdk22/-/blob/1.0.0/src/test/java/ch306/OrderedTest1.java

❷ Xml에는 일반적인 테스트 수행과 동일하게 셋팅합니다.

```xml
<!--?xml version="1.0" encoding="UTF-8"?-->

<suite name="test_Suite">
    <test name="OrderedTest1" enabled="true">
        <classes>
            <class name="ch306.OrderedTest1" />
        </classes>
    </test>
</suite>
```

https://gitlab.com/testautomation_lectures/testautomation_jdk22/-/blob/1.0.0/src/test/resources/ch306A.xml

❸ 실행순서는 정의된 순서이며, 소스의 위치에 따라 실행되는 일반적인 테스트와 다릅니다.

```
[INFO] Running TestSuite
testA()
testC()
testB()
[INFO] Tests run: 3, Failures: 0,
```

테스트 의존성 부여

앞서 제시한 테스트시나리오를 다시 살펴봅니다.

Login 테스트 ⇨ 데이터입력 테스트

위의 시나리오에서, 만약 login 테스트가 실패한다면. 데이터 입력하는 화면은 작동하지 않으므로 데이터입력 테스트는 실행할 필요 없습니다. 이때, 데이터입력 테스트는 Login테스트의 결과에 따라 실행할 수도 있고 실행하지 않을 수도 있는 테스트의존성을 가집니다.

테스트에 의존성을 부여하여 후속테스트의 실행여부를 실행 시에 판단하는 것은 테스트의 수행시간과 효율성을 증대하는 효과가 있습니다.

Try it 테스트케이스의 의존성을 부여합니다.

① @Test attribute에 dependsOnMethods attribute를 이용하여 순서를 지정합니다.

```
package ch305;

import org.testng.annotations.Test;

public class OrderedTest2 {

    @Test(dependsOnMethods = { "testB" })
    public void testA() {
        System.out.println("testA()");
    }

    @Test()
    public void testB() {
        System.out.println("testB()");
    }

    @Test(dependsOnMethods = { "testA" })
    public void testC() {
        System.out.println("testC()");
    }
}
```

https://gitlab.com/testautomation_lectures/testautomation_jdk22/-/blob/1.0.0/src/test/java/ch306/OrderedTest2.java

② Xml에는 일반적인 테스트 수행과 동일하게 설정합니다.

```
<!--?xml version="1.0" encoding="UTF-8"?-->

<suite name="test_Suite">
    <test name="OrderedTest2" enabled="true">
        <classes>
            <class name="ch306.OrderedTest2" />
        </classes>
    </test>
</suite>
```

https://gitlab.com/testautomation_lectures/testautomation_jdk22/-/blob/1.0.0/src/test/resources/ch306B.xml

③ 실행순서는 정의된 순서이며, 선행테스트가 실패 시에는 후속테스트는 실행되지 않습니다.

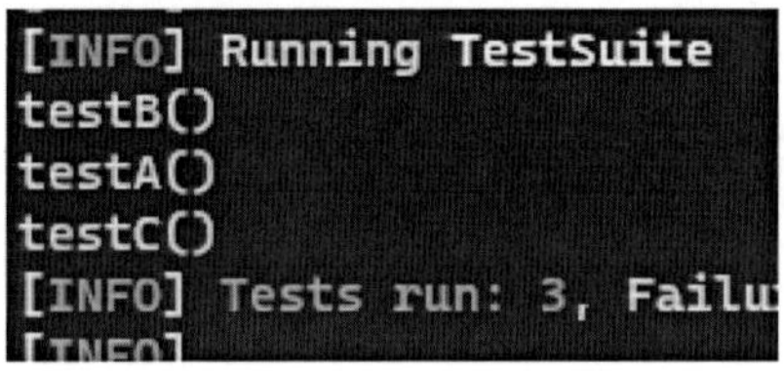

Data-Driven 테스트

데이터 중심 테스트는 동일한 테스트에 대해 데이터만 변경하여 실행한 후, 시스템의 반응을 테스트하는 것입니다.

@Parameters는 소량의 데이터를 변수로 저장하여 이를 Testcase에 전달하며, @DataProvider는 대량의 데이터를 행렬로 저장하여 이를 Testcase에 전달하여 데이터 개수만큼 실행합니다.

Try it @Parameters를 사용해 봅니다.

① Testcase를 정의하고 @Parameters를 정의합니다.

```
package ch302;

import org.testng.annotations.Test;
import org.testng.annotations.Parameters;
```

```java

public class AnnotationParameters {
    @Parameters({ "repoName" })
    @Test
    public void testparameter(String repo_Name) {
        System.out.println("Invoked method testparameter in " + repo_Name);
    }
}
```

https://gitlab.com/testautomation_lectures/testautomation_jdk22/-/blob/1.0.0/src/test/java/ch302/AnnotationParameters.java

❷ Xml에 parameter값을 정의합니다.

```xml
<suite name="test_Suite">
    <parameter name="repoName" value="TestAutomation17">
    <test name="Parameterstest" enabled="true">
        <classes>
            <class name="ch302.AnnotationParameters" />
        </classes>
    </test>
</parameter></suite>
```

https://gitlab.com/testautomation_lectures/testautomation_jdk22/-/blob/1.0.0/src/test/resources/ch302D.xml

❸ Testcase는 parameter값을 아래와 같이 출력합니다.

```
[INFO] Running TestSuite
Invoked method testparameter in TestAutomation17
[INFO] Tests run: 1, Failures: 0, Errors: 0, Skipp
```

Try it @DataProvider를 사용해 봅니다.

❶ Testcase를 정의하고 Data를 @dataProvider로 정의합니다.

```java
package ch302;

import org.testng.annotations.Test;
import org.testng.annotations.DataProvider;

public class AnnotationDataProvider {
    @DataProvider(name = "data-provider")
    public Object[][] dataProviderMethod() {
```

```java
            return new Object[][] { { "one" }, { "two" }, { "three" } };
        }

        @Test(dataProvider = "data-provider")
        public void testMethod(String data) {
            System.out.println("Data is: " + data);
        }
    }
```

https://gitlab.com/testautomation_lectures/testautomation_jdk22/-/blob/1.0.0/src/test/java/ch302/AnnotationDataProvider.java

❷ Xml로 해당클래스를 실행시킵니다.

```xml

<suite name="test_Suite">
    <test name="DataProvidertest" enabled="true">
        <classes>
            <class name="ch302.AnnotationDataProvider">
        </class></classes>
    </test>
</suite>
```

https://gitlab.com/testautomation_lectures/testautomation_jdk22/-/blob/1.0.0/src/test/resources/ch302C.xml

❸ 데이터의 개수만큼 Testcase가 실행됩니다.

```
[INFO] Running TestSuite
Data is: one
Data is: two
Data is: three
[INFO] Tests run: 3, Failures: 0,
```

테스트의 병렬 실행

일반적으로 테스트케이스는 소스에 작성된 순서대로 순차적으로 실행됩니다. 그러나 TestNg는 소스의 작성순서와 무관하게 모든 테스트케이스를 병렬로 실행할 수 있습니다. 이때, 멀티쓰레드에 각각의 테스트케이스를 배정하여 실행합니다. 단, 사전에 정의된 우선순위와 의존성은 유지되면서 실행하므로 병렬수행 테스트케이스에 우선순위 또는 의존성이 설정되어 있으면 그 부분은 순차적으로 실행됩니다.

테스트케이스를 병렬 실행하면 다음과 같은 장점과 단점이 있습니다.

✓ 장점:

- 실행시간의 감소: 예를 들면. 각각이 1분의 실행시간이 필요한 10개의 테스트케이스를 순차적으로 실행하면 10분이 소요되나, 모든 테스트케이스를 병렬 수행하면 1분만 필요합니다.
- 병렬수행의 자동분배: TestNg는 병렬수행을 주어진 조건에 따라 자동 분배하여 사용자 편리성을 도모하였습니다.
- 다른 환경의 동시실행 : 특수한 조건을 갖춘 시스템에서는 서로 다른 환경을 동시에 실행할 수 있습니다. 예를 들면, 다양한 Browser 종류 또는 버전을 동시에 실행해야 하는 테스트를 가능하게 합니다.
- 결과의 동시수집: 병렬로 수행되는 만큼, 테스트결과 또한 병렬로 수집됩니다.
- 테스트시나리오에 대한 이해증진: 병렬실행이 가능한 테스트케이스는 독자적인 실행이 가능한 것이며. 병렬실행이 불가능한 테스트케이스는 의존성이 존재함을 알게 되어 테스트케이스에 대한 이해를 높입니다,

✓ 단점:

- 메모리와 저장공간이 추가로 필요: 병렬 실행은 동일시간에 복수개의 테스트케이스를 동시에 수행해야 하므로 순차적으로 실행할 때 보다 더 많은 자원을 필요로 합니다.

병렬 실행은 XML의 Suite 레벨에서 아래와 같은 속성을 정의하면 완성됩니다.

```
<suite name="MySuite" parallel="tests" thread-count="25" data-provider-thread-count
="25">
    ...

</suite>
```

속성	설명
parallel	병렬 수행할 단위로써tests, classes, methods가 가능합니다.
thread-count	몇 개의 쓰레드를 병렬 실행할 것인가를 정의하는 것으로써 기본값은 5입니다.
data-provider-thread-count	몇 개의 Data-Provider를 동시에 수행할 것인가를 정의합니다. 기본값은 10입니다.

병렬수행 단위를 테스트의 특징에 맞게 잘 구성한다면 효과적인 테스트실행이 가능합니다. 각각의 단위구성의 특징을 살펴보겠습니다.

Parallel="tests"인 경우, 아래와 같이 class와 테스트케이스가 포함된 그룹으로 병렬 실행됩니다. 따라서 아래와 같은 실행순서가 예상되면 독자적인 테스트를 동시에 해야 할 경우 이에 해당됩니다. 예를 들면, Browser matrix test(같은 웹프로그램을 Browser만 다르게 실행하여 적용성을 테스트하는 것)가 이에 해당됩니다. 테스트의 첫 번째 클래스의 첫 test method 가 첫 번째로 실행됩니다.

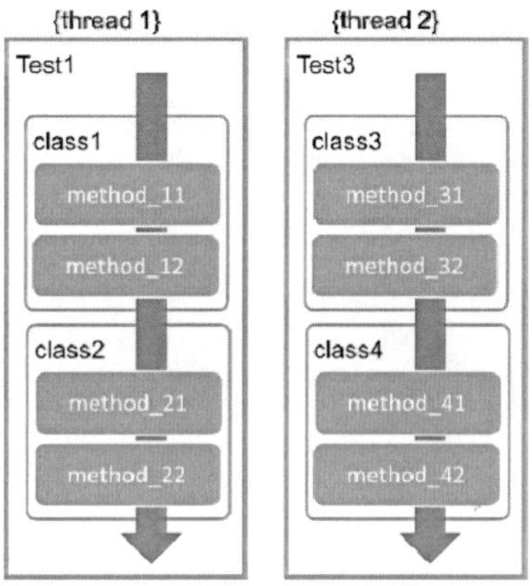

Test1.class1.method_11
Test2.class3.method_31
Test1.class1.method_12
Test2.class3.method_32
Test1.class2.method_21
Test2.class4.method_41
Test1.class2.method_22
Test2.class4.method_42

Parallel="classes"인 경우, 아래와 같이 모든 class가 개별그룹이 되어 병렬 수행합니다. 이때, 모든 클래스의 첫 Test method 가 첫 번째로 실행되는 것이 tests단위와 다릅니다.

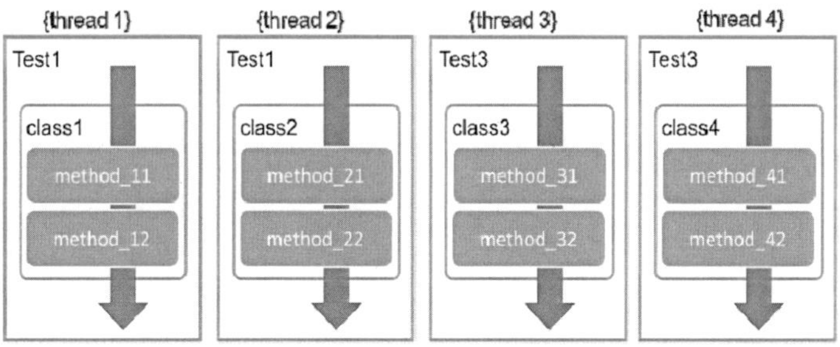

Test1.class1.method_11
Test1.class2.method_21
Test2.class3.method_31
Test2.class4.method_41
Test1.class1.method_12
Test1.class2.method_22
Test2.class3.method_32
Test2.class4.method_42

Parallel="methods"인 경우, 모든 Testcase들이 병렬 수행됩니다. 기본적으로 소스에 저장된 순서로 첫 번째 Method를 실행합니다.

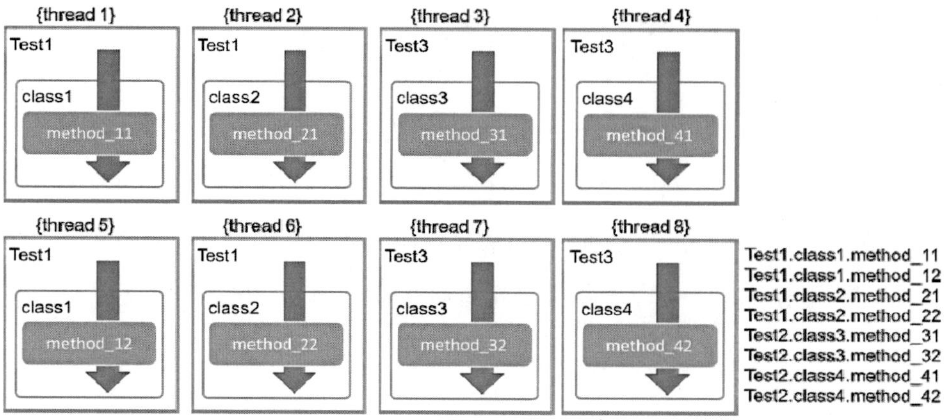


```
<!--DO=TYPE suite SYSTEM "http://testng.org/testng-1.0.dtd"-->
<suite name="MySuite" parallel="tests" thread-count="8">
    <test name="Test1" enabled="true">
        <classes>
            <class name="class1">
                <methods>
                    <include name="method_11" />
                    <include name="method_12" />
                </methods>
            </class>
            <class name="class2">
                <methods>
                    <include name="method_21" />
                    <include name="method_22" />
                </methods>
            </class>
        </classes>
    </test>
    <test name="Test2" enabled="true">
        <classes>
            <class name="class3">
                <methods>
                    <include name="method_31" />
                    <include name="method_32" />
                </methods>
            </class>
            <class name="class4">
                <methods>
                    <include name="method_41" />
                    <include name="method_42" />
                </methods>
```

```
            </class>
        </classes>
    </test>
</suite>
```

Try it 테스트케이스를 병렬 수행하여 각각의 테스트케이스가 서로 다른 thread에서 실행됨을 확인합니다.

❶ 일반적인 테스트케이스를 아래와 같이 정의합니다.

```java
package ch307;

import org.testng.annotations.Test;

public class ParallelTest1 {

    @Test
    public void testA() {
        long id = Thread.currentThread().getId();
        System.out.println("testA(). Thread id is: " + id);
    }

    @Test
    public void testB() {
        long id = Thread.currentThread().getId();
        System.out.println("testB(). Thread id is: " + id);
    }

    @Test
    public void testC() {
        long id = Thread.currentThread().getId();
        System.out.println("testC(). Thread id is: " + id);
    }
}
```

https://gitlab.com/testautomation_lectures/testautomation_jdk22/-/blob/1.0.0/src/test/java/ch307/ParallelTest1.java

❷ Xml로 해당클래스를 실행시킵니다.

```xml
<!--?xml version="1.0" encoding="UTF-8"?-->

<suite name="test_Suite" parallel="methods" thread-count="3">
```

```
    <test name="sample_group" enabled="true">
        <classes>
            <class name="ch307.ParallelTest1" />
        </classes>
    </test>
</suite>
```

https://gitlab.com/testautomation_lectures/testautomation_jdk22/-/blob/1.0.0/src/test/resources/ch307A.xml

③ 각각의 테스트케이스 별로 Thread id가 다르며, 수행순서는 매번 다릅니다.

```
[INFO] -------------------------
[INFO] Running TestSuite
testB(). Thread id is: 20
testC(). Thread id is: 21
testA(). Thread id is: 19
[INFO] Tests run: 3, Failures: 0,
[INFO]
```

Try it 앞서 정의한 테스트케이스 간의 의존성을 병렬 실행과 함께 사용합니다.

① 테스트케이스의 상호의존을 아래와 같이 정의합니다.

```
package ch307;

import org.testng.annotations.Test;

public class ParallelTest2 {

    @Test(dependsOnMethods = { "testB" })
    public void testA() {
        long id = Thread.currentThread().getId();
        System.out.println("testA(). Thread id is: " + id);
    }

    @Test()
    public void testB() {
        long id = Thread.currentThread().getId();
        System.out.println("testB(). Thread id is: " + id);
    }

    @Test(dependsOnMethods = { "testB" })
    public void testC() {
        long id = Thread.currentThread().getId();
```

```java
            System.out.println("testC(). Thread id is: " + id);
        }
    }
```

https://gitlab.com/testautomation_lectures/testautomation_jdk22/-/blob/1.0.0/src/test/java/ch307/ParallelTest2.java

② Xml로 해당클래스를 실행시킵니다.

```xml
<!--?xml version="1.0" encoding="UTF-8"?-->

<suite name="test_Suite" parallel="methods" thread-count="3">
    <test name="sample_group" enabled="true">
        <classes>
            <class name="ch307.ParallelTest2" />
        </classes>
    </test>
</suite>
```

https://gitlab.com/testautomation_lectures/testautomation_jdk22/-/blob/1.0.0/src/test/resources/ch307B.xml

③ 각각의 테스트케이스 별로 Thread id가 다르나, 실행순서는 항상 동일합니다.

```
[INFO] Running TestSuite
testB(). Thread id is: 19
testC(). Thread id is: 21
testA(). Thread id is: 20
[INFO] Tests run: 3, Failur
```

테스트의 반복 실행

때로는 동일한 테스트를 복수로 반복 수행하여 코드의 안정성과 신뢰성을 테스트합니다. 이때 사용하는 것이 반복실행 옵션인데, TestNg는 Testcase 속성에서 이를 설정할 수 있습니다.

Try it 동일한 테스트케이스를 3번 실행합니다.

① 테스트케이스 속성에 반복실행횟수를 invocationCount로 지정합니다.

```java
package ch308;

import org.testng.annotations.Test;

public class RepeatedTest {

    @Test(invocationCount = 3)
    public void testA() {
        System.out.println("testA()");
    }
}
```

https://gitlab.com/testautomation_lectures/testautomation_jdk22/-/blob/1.0.0/src/test/java/ch308/RepeatedTest.java

❷ Xml로 해당클래스를 실행시킵니다.

```xml
<suite name="test_Suite">
    <test name="sample_group" enabled="true">
        <classes>
            <class name="ch308.RepeatedTest" />
        </classes>
    </test>
</suite>
```

https://gitlab.com/testautomation_lectures/testautomation_jdk22/-/blob/1.0.0/src/test/resources/ch308.xml

❸ 동일한 테스트가 3번 수행됩니다.

```
[INFO] Running TestSuite
testA()
testA()
testA()
[INFO] Tests run: 3, Fai
```

SECTION 4

Selenium

Selenium은 오프소스 툴로써 다양한 프로그램 언어를 지원하고, Web Driver를 통해 다양한 웹 Browser를 제어합니다. 사용자는Selenium 은 통해 Browser의 모든 동작을 수행할 수 있어 웹테스트 자동화에 많이 쓰이는 도구입니다.

Selenium은 다음과 같은 특징이 있습니다.

- 오픈 소스 – 도구를 구입해야 하는 상용Tool과 다르게, Selenium은 누구나 무료로 다운로드하고 사용할 수 있는 오픈소스 기반 도구입니다.
- 다양한 기능 – 실제와 같은 사용자의 행위(클릭, 드랙엔드롭 등)를 지원합니다.
- 쉬운 사용성 – 다양한 예제가 있으며, 사용하기 쉬운 명령어로 구성되어 있습니다.
- 다양한 프로그래밍언어 지원성 – 주요 프로그래밍언어(Java, Python, JavaScript, C#, Ruby)를 포함한 거의 모든 언어에서 작동됩니다.
- 다양한 Browser 지원성 – 주요 Browser(Chrome, Firefox, Edge, Internet Explorer, Safari등)를 지원합니다.
- 다양한 운영체제 지원성 – Linux, macOS, Windows에서 동작합니다.
- 빌드 도구 지원성 – Selenium은 다양한 빌드 환경(Maven, TestNG, PYTest, NUnit, Mocha, J asmine 등)을 지원하며, Jenkins나 Gitlab 같은 CICD환경에서도 쉽게 연동할 수 있습니다.
- 코드 재사용성 – 작성된 코드는 Browser별로 같은 코드를 수행시킬 수 있어 코드의 재사용성을 증가시킵니다.
- 사용자 접근성 – 사용자 경험을 공유하는 사이트가 많아 접근성이 좋습니다.

Selenium은 다음과 같은 기능은 지원하지 않습니다.

- 어플리케이션 제어 미지원 – Selenium은 Web-based action만 지원하며, App-based action (프로그램 실행/종료 등)은 지원하지 않습니다.
- Assertion 미지원 – Selenium은 Browser의 제어만 지원하며, 행위에 대한 검증하는 기능이 없으므로 JUnit이나 TestNg의 Assertion을 연동해야 합니다.
- Image 스캔 미지원 – Bar-Code나 Image를 읽어드리는 기능이 없습니다.
- API test 미지원 – API 테스트를 지원하는 기능이 없습니다.
- 성능시험 미지원 –성능시험에 영향을 미칠 수 있는 동기화기능이 있으므로 성능시험에 사용하는 것은 권장하지 않습니다.
- 자체 리포트 기능 미지원 – 테스트결과를 기록하기 위해 JUnit이나 다른 리포트 도구가 필요합니다.

Selenium의 구성요소

Selenium은 필수 component인 WebDriver를 이용하여 Grid, Manager 및 IDE를 선택적으로 사용할 수 있습니다.

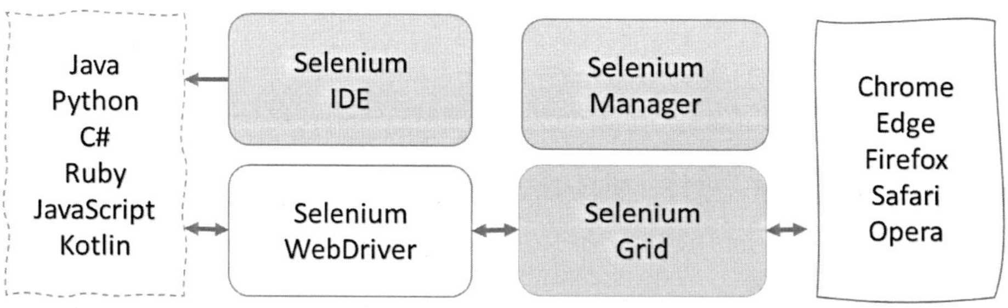

구성요소	설명
Selenium WebDriver	필수요소로써 대부분의 기능을 제공합니다.
Selenium Manager	Driver를 자동으로 다운로드하고 설치하는 기능을 합니다.(옵션)
Selenium Grid	외부 Browser기능을 제공하여 대량의 테스트 실행을 지원합니다.
Selenium IDE	코딩경험이 적은 사용자를 위해 코드를 생성합니다.

Selenium WebDriver

WebDriver는 Driver나 Grid를 통해 Browser 에 테스트코드의 명령과 데이터를 전달하는 핵심적인 기능을 실행하며, 사용자의 실행환경에 따라 크게 내부실행(Local Run)과 원격실행(Remote Run)으로 나뉩니다.

내부실행(Local Run)

기본적인 구동으로써 WebDriver, Driver와 Browser등 모든 요소가 아래 그림처럼 한 시스템에서 실행됩니다. 아래 그림처럼 호출하는 시스템에서 Driver를 모두 준비해야 하며 이를 동일한 장소에서 실행해야 하므로 호출시스템의 자원이 충분해야 가능한 실행 방법입니다. 소량의 테스트 또는 테스트 코드의 확인방법으로 많이 쓰입니다.

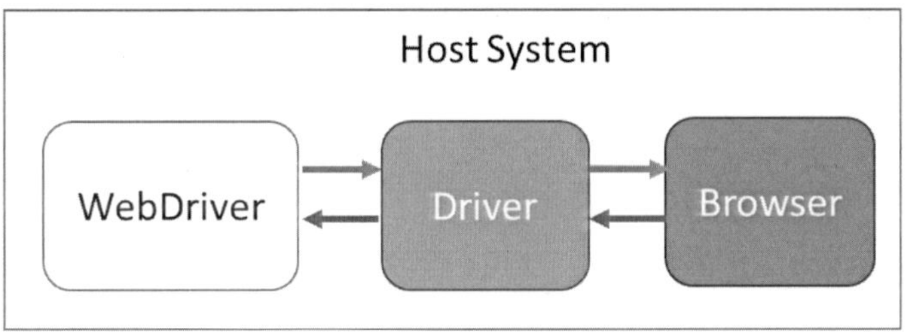

원격실행(Remote Run)

원격실행은 구성요소들이 서로 다른 시스템에서 분산되어 실행하므로 대량의 테스트를 실행 가능하게 합니다. CICD pipeline등 browser를 내장할 수 없는 환경에서 많이 이용하는 방법으로써, Remote Webdriver를 이용하거나 Selenium Grid를 이용하여 구성할 수 있습니다.

실행시스템에서 WebDriver가 Remote WebDriver를 통해, 시스템에 위치한 WebDriver를 제어합니다.

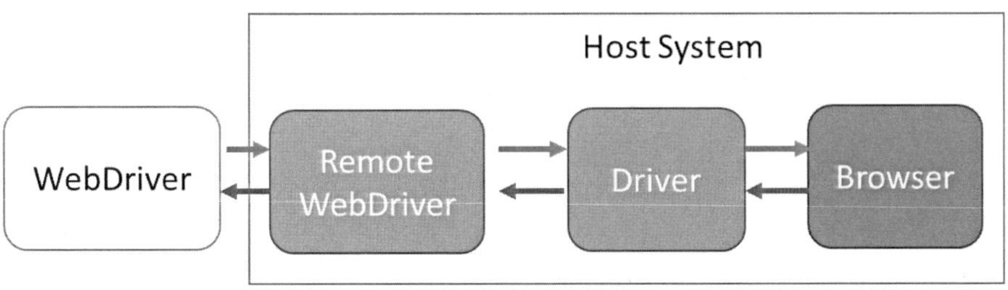

대규모의 테스트를 병렬로 원격 실행하는 경우에는 아래와 같이 Selenium Server나 Grid를 통해 원격으로 테스트를 실행합니다.

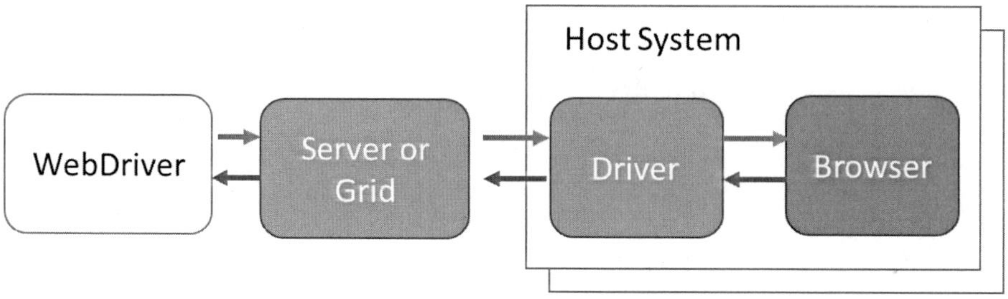

WebDriver의 기본 Component들

Web application은 일반적으로 Browser를 통해 WebPage를 사용자에게 도시하고 사용자의 액션을 버튼이나 텍스트박스 같은 WebControl를 통해 실행합니다. WebDriver는 이를 지원하기 위해 Browser와 WebPage를 제어하는 WebDriver class와 Web Control을 제어하는 WebElement class로 구성됩니다.

WebDriver class와 WebElement class는 Selenium의 중요 class로써 모든 제어는 이를 통해 실행됩니다.

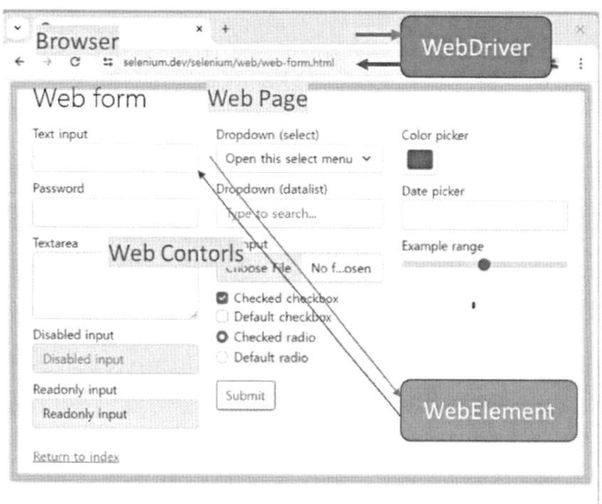

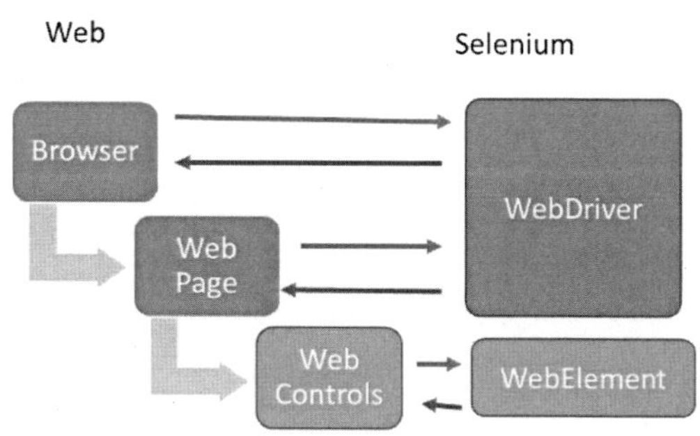

Selenium은 아래 그림과 같이 세션을 생성하면서 시작하고 Browser를 제어하고 WebElement를 제어한 후 세션을 종료하는 흐름으로 작동됩니다. 이때 주로 사용하는 기본 Component들을 통해 Browser를 어떻게 제어하는 지 알아봅니다.

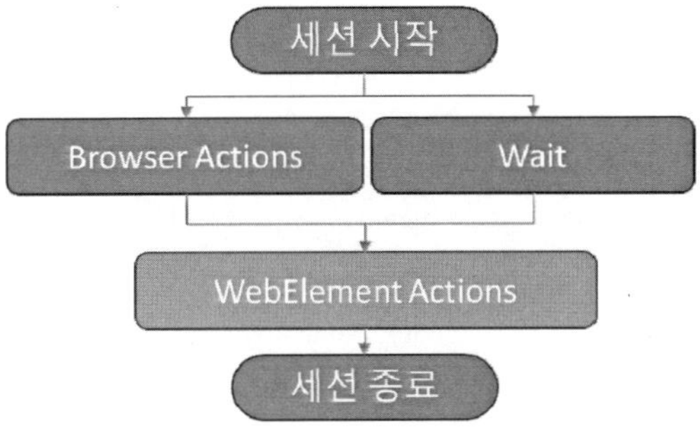

각 component는 순서적으로 호출되어야 정상적으로 동작하므로 위 그림과 같은 실행순서대로 실행합니다.

세션시작

모든 WebDriver는 세션의 생성을 통해 시작되며, Selenium실행에서 시작부분에 반드시 수행해야 합니다. 세션은 BroswerOption없이 하거나 BroswerOption을 사용하여 생성됩니다.

>> BrowserOption을 이용하여 세션 시작하기

BrowserOption은 W3C웹드라이버 표준에 정의한capability를 셋팅하여 Browser의 상세구성(Browser 버전 및 운영체제 등 지정)을 지정하여 Browser를 시작할 수 있습니다.

```
/* Chrome용 BrowserOption을 생성합니다 */
ChromeOptions chromeOptions = new ChromeOptions();
/* BrowserOption중 페이지로딩 감지방법을 설정합니다. */
chromeOptions.setPageLoadStrategy(PageLoadStrategy.NORMAL);
/* BrowserOption설정을 적용하여 ChromeBrowser를 시작합니다 */
WebDriver driver = new ChromeDriver(chromeOptions);
```

참조 https://w3c.github.io/webdriver/#capabilities

상세한 설명은 Browser Options절을 참조합니다.

>> BrowserOption없이 세션 시작하기

아래와 같이 기존 Browser의 설정을 이용하여 Browser를 시작합니다.

```
/* ChromeBrowser를 시작합니다 */
WebDriver driver = new ChromeDriver();
```

Browser Actions

세션이 시작되면, 본격적으로 Browser를 특정한 사이트로 이동하는 등 Browser의 실행을 제어할 수 있습니다. 아래와 같이 예제사이트로 이동하면 browser가 pop-up되고 해당 사이트로 이동합니다.

```
/* 특정사이트로 이동합니다. */
driver.get("https://www.selenium.dev/selenium/web/web-form.html");
```

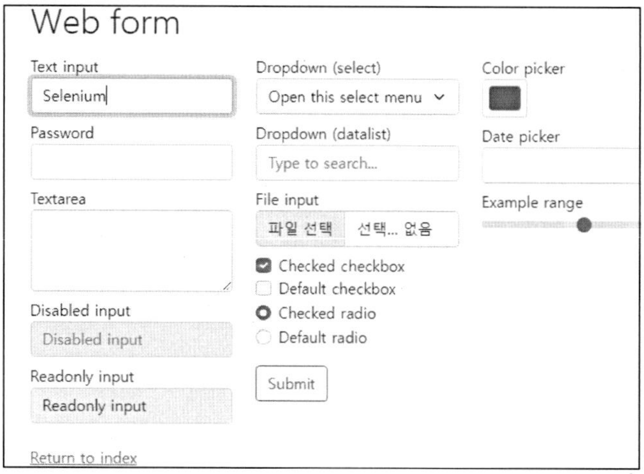

Browser window의 크기/위치, 쿠키나 알림창 정보 등을 읽어 들입니다. 아래 예제는 오픈한 웹페이지에 기록된 타이틀을 읽어드립니다. 각각의 페이지에 명칭을 부여하고 해당페이지가 오픈 되었는지 체크해야 하는 경우, 사용합니다.

```
/* 현 웹페이지의 타이틀을 읽어서 변수에 저장합니다. */
String pageTitle = driver.getTitle();
```

상세한 내용은 Browser Interactions을 참조합니다.

Wait

Browser와 Selenium WebDriver간의 통신은 API호출과 동일하므로 일정시간을 초과하는 통신장애시 시간을 설정하여 기다리는 방식을 사용합니다. Wait method에서 선정한 방식에 따라 테스트실행시간이 다양하게 실행됩니다. 상세한 내용은 Waits를 참조합니다. 아래의 예는 항상 고정적으로 대기시간을 설정하고, 시간초과시 에러를 호출합니다.

```
/* 웹 페이지의 대기시간을 항상 일정하게 지정합니다. */
driver.manage().timeouts().implicitlyWait(Duration.ofMillis(500));
```

WebElement Actions

웹페이지 에는 다양한 Control들(버튼, 텍스트박스 등)이 있는 들을 검색하여 Element로 구성하고 이를 제어하는 컴포넌드입니다. 상세한 내용은 Element Interactions를 참조합니다.

아래의 예에서는 특정 name을 가진 WebElement를 검색하여 결과값을 WebElement class에 할당합니다.

```
/* name속성을 이용하여 웹페이지에 속한 Control을 추출하여 WebElement객체에 할당합니다.*/
WebElement textBox = driver.findElement(By.name("my-text"));
```

할당된 WebElement를 이용하여 버튼을 클릭하거나 아래와 같이 글자입력 등 다양한 action을 수행할 수 있습니다.

```
/* 텍스트박스에 “Selenium”을 타이핑합니다 */
textBox.sendKeys("Selenium");
```

할당된 WebElement가 가지고 있는 정보를 읽습니다.

```
/* 메시지의 내용을 읽습니다. */
message.getText();
```

세션 종료

WebDriver구동을 종료하는 명령으로써 테스트의 끝 부분에 반드시 수행해야 합니다.

```
driver.quit();
```

아래 예제는 앞서 설명한 기본 Component들을 순서대로 적용한 예제로써, 가장 기본적으로 작성하는 테스트 자동화 코드입니다. 코드는 Chrome Browser를 오픈하고, 사이트로 이동한 후, 몇 개의 Web Control를 감지한 후, 입력과 출력을 실행하고 난 후 Browser를 종료합니다.

```
import org.openqa.selenium.By;
import org.openqa.selenium.WebDriver;
import org.openqa.selenium.WebElement;
import org.openqa.selenium.chrome.ChromeDriver;
import org.testng.Assert;
import org.testng.annotations.Test;

import java.time.Duration;

public class BasicComponents {

    @Test
    public void hitSelenium() {

        /* ChromeBrowser를 시작합니다
        WebDriver구동의 시작 명령으로 테스트의 시작부분에 반드시 수행해야 합니다. */
        WebDriver driver = new ChromeDriver();

        /* BrowserAction 실행 : WebDriver class의 methods를 이용하여 Browser를 특정한
사이트로 이동합니다. */
        driver.get("https://www.selenium.dev/selenium/web/web-form.html");

        /* Browser정보추출 : 현 웹페이지의 타이틀을 읽어서 변수에 저장합니다. */
        String pageTitle = driver.getTitle();

        /* 동기화방식 선택 : 웹 페이지의 액션수행시 500ms를 기다리고 실행합니다. */
        driver.manage().timeouts().implicitlyWait(Duration.ofMillis(500));

        /* WebElement검색: name속성을 이용하여 웹페이지에 속한 Control을 추출하여 Web
Element객체에 할당합니다.*/
        WebElement textBox = driver.findElement(By.name("my-text"));
        WebElement submitButton = driver.findElement(By.cssSelector("button"));

        /* WebElement 액션실행: 텍스트박스에 "Selenium"을 타이핑합니다 */
        textBox.sendKeys("Selenium");
        /* WebElement 액션실행: 버튼을 클릭합니다 */
        submitButton.click();

        /* WebElement검색: name속성을 이용하여 웹페이지에 속한 Control을 추출하여 Web
Element객체에 할당합니다.*/
```

```
        WebElement message = driver.findElement(By.id("message"));
        /* WebElement정보추출: 메시지의 내용을 읽습니다. */
        message.getText();

        System.out.println("Page Title = " + pageTitle);
        Assert.assertEquals(pageTitle, "Web form");

        /* ChromeBrowser를 종료합니다 */
        driver.quit();
    }
}
```

https://gitlab.com/testautomation_lectures/testautomation_jdk22/-/blob/1.0.0/src/test/java/basicComponents/BasicComponents.java

Browser Options

Web Test에서 Browser는 필수적인 소프트웨어이며, Browser의 설정은 Open전에 완료되어야 합니다. 예를 들면, 원하는 Browser 종류와 버전은 Browser가 Open된 상태에서는 변경할 수 없습니다. Selenium에서는 Browser Options을 통해 Browser를 설정합니다.

Browser의 설정은 W3CWebDriver 표준에 정의한 capability에 의거하여 아래의 Methods들을 통해 지원합니다. Option을 지정하지 않을 경우에는 현재 Browser의 설정(Extension 및 Proxy등)을 이용하여 테스트가 수행되므로, 반복하여 실행할 경우, 매번 다른 결과가 생성될 수 있습니다.

browserVersion

Browser의 특정버전을 지정하여 실행합니다. 특정 버전의 Browser에서 테스트해야 할 경우, 사용합니다. 지정하지 않으면 설치된 현재 버전을 이용합니다.

```
@Test
public void SetOtherBrowserVersion() {
  ChromeOptions chromeOptions = new ChromeOptions();
  // set Chrome v85
  chromeOptions.setBrowserVersion("85.0");
  WebDriver driver = new ChromeDriver(chromeOptions);
```

```
    try {
      driver.get("https://selenium.dev");
    } finally {
      driver.quit();
    }
  }
```

https://gitlab.com/testautomation_lectures/testautomation_jdk22/-/blob/1.0.0/src/test/java/browserOptions/BrowserOptionTest.java

Extensions

Browser내에 추가기능을 지원하기 위해 Extension을 설치하고 테스트하는 경우에 사용합니다. 아래 예에서는 특정 extension을 설치하고 실행하는 것을 보여줍니다.

```
  @Test
  public void addExtnesion() {
    ChromeOptions chromeOptions = new ChromeOptions();
    Path path = Paths.get("src/test/resources/extensions/webextensions-selenium-example.crx");
    File extensionFilePath = new File(path.toUri());
    // add Extensions with this browser.
    chromeOptions.addExtensions(extensionFilePath);
    WebDriver driver = new ChromeDriver(chromeOptions);
    try {
      // Navigate to Url with Extensions
   driver.get("https://www.selenium.dev/selenium/web/blank.html");
    } finally {
      driver.quit();
    }
  }
```

https://gitlab.com/testautomation_lectures/testautomation_jdk22/-/blob/1.0.0/src/test/java/browserOptions/BrowserFunctionsTest.java

Arguments

Browser의 command line 명령어 일체를 실행할 수 있어 세밀한 제어가 가능합니다. 아래 예는 Browser를 open했을 경우에 사이즈를 최대 크기로 지정합니다.

```
@Test
public void setMaximizedWindows() {
  ChromeOptions chromeOptions = new ChromeOptions();
  chromeOptions.addArguments("start-maximized");
  WebDriver driver = new ChromeDriver(chromeOptions);
  try {
    // Navigate to Url with maximized windows size
    driver.get("https://selenium.dev");
  } finally {
    driver.quit();
  }
}
```

https://gitlab.com/testautomation_lectures/testautomation_jdk22/-/blob/1.0.0/src/test/java/browserOptions/BrowserFunctionsTest.java

ExperiemntalOptions

Chrome Browser의 경우에 지원되며, Browser의 추가적인 구성설정이 가능합니다. 아래 예는 Chrome Browser open시 제시되는 "Chrome is being controlled by automated test software" 메시지바를 표시하지 않는 옵션을 보여줍니다.

```
 @Test
 public void RemoveAutomationMessage() {
   ChromeOptions chromeOptions = new ChromeOptions();
// Set disable the message "Chrome is being controlled by automated test software"
   chromeOptions.setExperimentalOption("useAutomationExtension", false);
   chromeOptions.setExperimentalOption("excludeSwitches",Collections.singletonList
("enable-automation"));
   WebDriver driver = new ChromeDriver(chromeOptions);
   try {
     driver.get("https://selenium.dev");
     Thread.sleep(3000);
   } catch (InterruptedException e) {
    // TODO Auto-generated catch block
    e.printStackTrace();
} finally {
     driver.quit();
   }
 }
```

https://gitlab.com/testautomation_lectures/testautomation_jdk22/-/blob/1.0.0/src/test/java/browserOptions/BrowserFunctionsTest.java

PageLoadStrategy

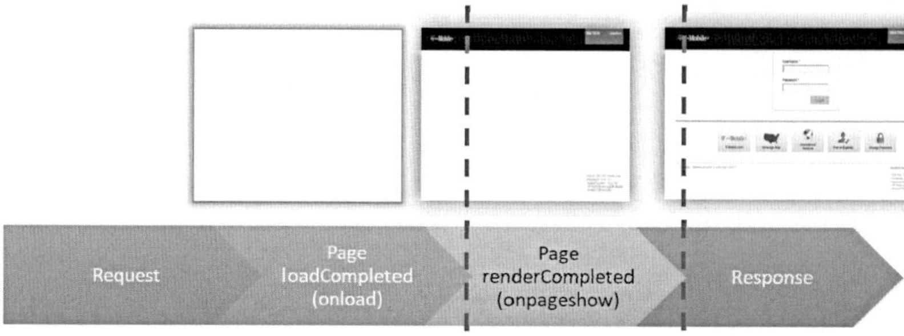

위 그림과 같이 웹페이지는 호출에서 응답까지 2단계의 이벤트들을 생성합니다. PageLoadComplete 시점까지 실제 화면에는 아무것도 도시되지 않습니다. 그러나, 내부적으로는 쿠키나 그 외 보안과 관계된 코드는 이미 browser에서 사용 가능합니다. PageRenderCompleted시점에서는 화면에 모든 WebElement들이 보여지므로 UI 명령이 실행 가능합니다.

이 설정은 Driver.get()이후에 실행되는 코드의 실행시점에 영향을 줍니다. 일반적으로, PageLoadingComplete시점에는 WebElement가 활성화되어 있는 상태가 아니므로 UI action명령을 보낼 경우, 에러가 발생합니다. 아래 표는 이벤트와 Strategy간의 관계를 표기한 것입니다.

Strategy	Event	설명
Normal	PageLoadComplete	기본설정으로 모든 리소스가 로딩됩니다.
Eager	PageRenderCompleted	DOM(Document Object Model)이 동작하나 일부 리소스는 로딩되고 있을 수 있습니다.
None		대기하지 않습니다.

Pageloading 이벤트는 PageloadingTimeout에서 설정된 시간 내에 처리가 완료됩니다. 만약, 시간 내에 완료되지 못할 경우 Timeout error를 발생하여 무한 대기오류를 방지합니다. 기본 대기시간은 30초입니다.

아래 예는 page loading strategy를 PageRenderCompleted 시점으로 설정하고 loading timeout은 30초로 설정한 후 Browser를 Open합니다. 즉, 30초 내에 웹사이트가 표시되지 않으면 에러를 호출합니다.

```java
@Test
public void setPageLoadStrategyEager() {
  ChromeOptions chromeOptions = new ChromeOptions();
  chromeOptions.setPageLoadStrategy(PageLoadStrategy.EAGER);
  chromeOptions.setPageLoadTimeout(Duration.ofSeconds(30));
  WebDriver driver = new ChromeDriver(chromeOptions);
  try {
    // Navigate to Url
    driver.get("https://selenium.dev");
  } finally {
    driver.quit();
  }
}
```

https://gitlab.com/testautomation_lectures/testautomation_jdk22/-/blob/1.0.0/src/test/java/browserOptions/LoadingStrategyTest.java

Remote WebDriver

앞서 설명한 원격실행(Remote run)을 수행하려면 원격드라이버를 생성해서 실행해야 합니다.

아래의 예는 원격드라이버와 내부드라이버의 생성을 비교한 코드입니다. 대부분 비슷하나, 원격드라이버에는 웹드라이버가 위치하는 주소가 설정되어야 합니다. 즉, Selenium Grid 같은 외부 browser시스템이 있어야 합니다.

```java
// Remote Webdriver
ChromeOptions options = new ChromeOptions();
URL gridUrl = new URL("http://localhost:1234");
WebDriver driver = new RemoteWebDriver(gridUrl, options);
```

```java
// Local Webdriver
ChromeOptions chromeOptions = new ChromeOptions();
WebDriver driver = new ChromeDriver(chromeOptions);
```

CICD pipeline을 이용하는 경우에는 내부 드라이버를 Pipeline에 위치하는 것이 비효율적이기에 모든 코드가 외부 Browser를 이용하는 원격드라이버를 사용합니다. 원격드라이버는 대부분의 기능이 내부 드라이버와 동일하나 Upload/Download같은 내부 시스템과 접근을 위한 추가적인 작업이 필요합니다.

아래 예제에서는 원격드라이버를 이용하여 화일을 사이트에 Upload할 때, 원격드라이버에서 내부시스템의 파일을 인식하도록 "setFileDetector()"를 사용합니다.

```
@Test
public void uploads() {
  ChromeOptions options = new ChromeOptions();
  driver = new RemoteWebDriver(gridUrl, options);
  driver.get("https://the-internet.herokuapp.com/upload");
  File uploadFile = new File("src/test/resources/selenium-snapshot.png");

  ((RemoteWebDriver) driver).setFileDetector(new LocalFileDetector());
  WebElement fileInput = driver.findElement(By.cssSelector("input[type=file]"));
  fileInput.sendKeys(uploadFile.getAbsolutePath());
  driver.findElement(By.id("file-submit")).click();

  WebElement fileName = driver.findElement(By.id("uploaded-files"));
  Assert.assertEquals("selenium-snapshot.png", fileName.getText());
}
```

https://gitlab.com/testautomation_lectures/testautomation_jdk22/-/blob/1.0.0/src/test/java/remoteDrv/RemoteWebDriverTest.java

Waits

웹사이트가 Browser에 의해 loading되고 화면에 표시되는 과정은 아래그림과 같이 여러 단계의 과정을 거치게 됩니다. Browser에서 웹페이지를 읽어들일 때, RenderCompleted 이전에 WebElement를 읽으려하면, Stale Exception을 보게 됩니다. 이는 WebElement가 활성화되지 않아 응답할 수 없는 상태이나 강제로 응답을 요구하기에 발생하는데, 모든 액션에 대해 0초가 기본대기 시간이므로 대기하지 않고 바로 에러를 출력하게 됩니다.

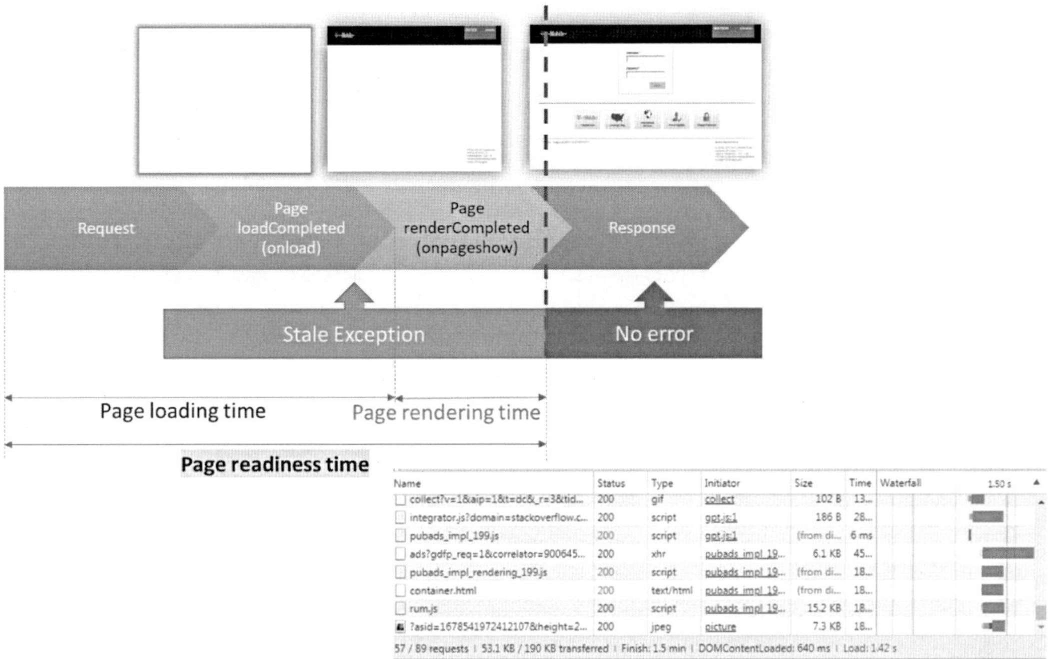

네크워크의 특성상 불특정단계에서 처리가 지연되는 경우가 있습니다. Browser는 이를 대비하도록 제작되어 있으므로 테스트코드에서도 이러한 블특정한 지연에 대해 대기시간을 설정하는 Wait기능을 Selenium은 지원합니다.

Waits은 Implicit wait과 Explict wait으로 나뉘며, 혼용할 수 없고, 실행도중 바꿀 수 없습니다.

Implicit wait

모든 Selenium class나 method에 고정적인 대기시간을 부여하는 방식으로, 모든 스텝에서 일일이 고정적인 시간이 추가되므로 간편하게 대기시간을 부여할 수 있으나, 대기시간을 효율적으로 분배하는 것이 아닌 일률적인 분배이므로 경우에 따라서는 실행시간이 길어질 수 있습니다.

아래의 예는 모든 동작에 2초를 대기하도록 설정합니다.

```
driver.manage().timeouts().implicitlyWait(Duration.ofSeconds(2));
```

이를 적용한 아래의 코드에서 line 8,9와 11에 각각 2초를 무조건 기다립니다.

```java
@Test
public void implicit() {
    ChromeOptions chromeOptions = new ChromeOptions();
    WebDriver driver = new ChromeDriver(chromeOptions);

    try {
        driver.manage().timeouts().implicitlyWait(Duration.ofSeconds(2));
        driver.get("https://www.selenium.dev/selenium/web/dynamic.html");
        driver.findElement(By.id("adder")).click();

        WebElement added = driver.findElement(By.id("box0"));

        Assert.assertEquals("redbox", added.getDomAttribute("class"));
    } finally {
        driver.quit();
    }
}
```

https://gitlab.com/testautomation_lectures/testautomation_jdk22/-/blob/1.0.0/src/test/java/waits/WaitsTest.java

Explicit wait

특정 method나 class에 조건을 설정하고 대기시간동안 조건을 체크하여 조건이 만족하면 더 기다리지 않고 다음 스텝으로 진행합니다. 따라서 Implict wait보다 실행 속도가 빠릅니다. 즉, 아래의 예처럼 WebElement가 Display될 때까지 최대 2초를 대기하나, 1초 내로 Display되면 나머지 1초는 무시하고 바로 다음단계로 진행합니다.

```java
Wait<WebDriver> wait = new WebDriverWait(driver, Duration.ofSeconds(2));
wait.until(d -> revealed.isDisplayed());
```

첫 라인에서 Wait instance를 생성하고, 두 번째 라인에서 조건을 설정합니다. 아래는 이를 적용한 예제입니다.

```
@Test
public void explicit() {
    ChromeOptions chromeOptions = new ChromeOptions();
    WebDriver driver = new ChromeDriver(chromeOptions);

    try {
        driver.get("https://www.selenium.dev/selenium/web/dynamic.html");
        WebElement revealed = driver.findElement(By.id("revealed"));
        driver.findElement(By.id("reveal")).click();

        Wait<webdriver> wait = new WebDriverWait(driver, Duration.ofSeconds(2));
        wait.until(d -> revealed.isDisplayed());

        revealed.sendKeys("Displayed");
        Assert.assertEquals("Displayed", revealed.getDomProperty("value"));
    } finally {
        driver.quit();
    }

}
```

https://gitlab.com/testautomation_lectures/testautomation_jdk22/-/blob/1.0.0/src/test/java/waits/WaitsTest.java

Fluent wait

Fluent wait은 Explict wait의 확장판으로써 대기시간을 설정하는 것은 같으나, polling 주기를 설정할 수 있고, 다양한 조건을 설정 가능합니다. polling주기를 조정할 수 있어 효율적인 wait을 설정할 수 있습니다. 즉, 아래의 예처럼 WebElement가 Display될 때까지 최대 3초를 기다리는데, 500ms마다 polling합니다. 조건이 만족하면 바로 종료합니다.

```
public WebElement findElement(WebDriver driver, By by) {
    return new WebDriverWait(driver, Duration.ofMillis(3000), Duration.ofMillis(500
)).ignoreAll(IGNORED_EXCEPTIONS).until(xpectedConditions.visibilityOfElementLocated
(by));
}
```

https://gitlab.com/testautomation_lectures/testautomation_jdk22/-/blob/1.0.0/src/test/java/waits/WaitsTest.java

Browser Interactions

Selenium은 특정 웹사이트로 이동하거나 복수 윈도우를 제어하는 등의 Brower에 직접 제어 하는 다양한 Action을 제공하고 있습니다.

Navigation

Browser를 지정한 웹사이트로 이동하거나 사이트 제목을 읽는 등의 작업을 지원합니다.

>> Navigate to

지정 웹사이트로 Browser를 이동합니다. 사람이 주소를 타이핑하고 이동하는 동작과 같습니다.

```
//일반적으로 많이 쓰이는 방법입니다
driver.get("https://selenium.dev");
//약간 다른 방법으로 주소를 지정할수 있습니다.
driver.navigate().to("https://selenium.dev");
```

>> Back

방문했던 웹페이지 중 이전페이지로 복귀합니다. Browser의 Back button을 눌렀을 때와 같은 동작입니다.

```
//이전 웹페이지로 복귀합니다.
driver.navigate().back();
```

>> Forward

방문했던 웹페이지 중 이후페이지로 진행합니다. Browser의 Forward button을 눌렀을 때와 같은 동작입니다.

```
//이후 방문주소로 이동합니다.
driver.navigate().forward();
```

>> Refresh

현재 웹페이지를 다시 읽어들입니다. Browser의 Refresh button을 눌렀을 때와 같은 동작입니다.

```
//현재 웹페이지를 reload합니다.
driver.navigate().refresh();
```

>> Get Title

모든 웹페이지에는 제목(Title)을 설정할 수 있습니다. 읽어들인 현재 웹페이지의 제목을 읽어서 원하는 페이지로 이동하였지 체크하는데 사용됩니다.

```
String title = driver.getTitle();
```

>> Get current Url

Browser의 주소창에 표시된 웹주소를 읽습니다.

```
String url = driver.getCurrentUrl();
```

Alert

웹페이지에서는 popup message를 이용하여 아래와 같이 사용자와 interface하는 경우가 있습니다. 이 경우에는 Alert기능을 이용하여 제어합니다.

>> Simple Alert

아래와 같이 가장 단순한 Alert의 경우에는 OK버튼을 클릭하면 간단히 처리할 수 있습니다.

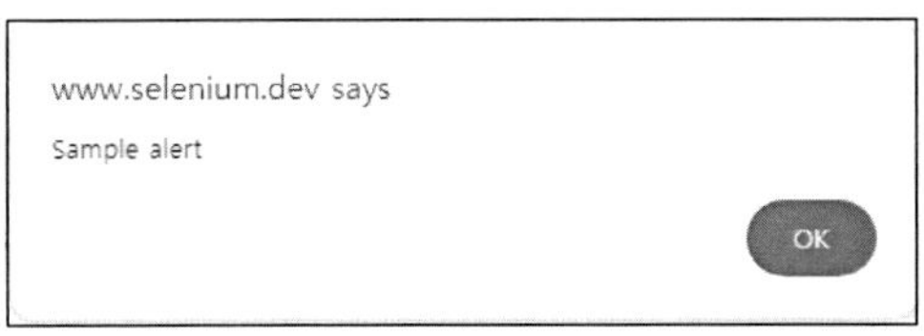

아래 예제는 Alert가 pop-up되는 지, 최대 2초 동안 체크합니다.

```
//Wait for the alert to be displayed and store it in a variable
Wait<webdriver> wait = new WebDriverWait(driver, Duration.ofSeconds(2));
Alert alert = wait.until(ExpectedConditions.alertIsPresent());
```

Alert가 감지되면 Alert에서 표시된 메시지를 확인하고 클릭하여 popup을 닫아줍니다.

```
//Store the alert text in a variable
String text = alert.getText();
//Press the OK button
alert.accept();
```

```
@Test
public void simpleAlert() {
    WebDriver driver = new ChromeDriver();

    try {
        driver.get("https://www.selenium.dev/documentation/webdriver/interactions/alerts/");

        //Click the link to activate the alert
        driver.findElement(By.linkText("See an example alert")).click();

        //Wait for the alert to be displayed and store it in a variable
        Wait<webdriver> wait = new WebDriverWait(driver, Duration.ofSeconds(2));
        Alert alert = wait.until(ExpectedConditions.alertIsPresent());

        //Store the alert text in a variable
        String text = alert.getText();

        //Press the OK button
        alert.accept();
        Assert.assertEquals(text, "Sample alert");

    } finally {
        driver.quit();
    }
}
```

https://gitlab.com/testautomation_lectures/testautomation_jdk22/-/blob/1.0.0/src/test/java/browserInteractions/AlertsTest.java

>> Confirm Alert

Confirm alert는 아래 그림처럼 사용자에게 OK 또는 Cancel을 하는 선택을 묻는 Alert로써 테스트시나리오에 맞게 선택하여 클릭합니다.

```java
@Test
public void confirmAlert() {
    WebDriver driver = new ChromeDriver();

    try {
        driver.get("https://www.selenium.dev/documentation/webdriver/interactions/alerts/");

        //Click the link to activate the alert
        driver.findElement(By.linkText("See a sample confirm")).click();

        //Wait for the alert to be displayed and store it in a variable
        Wait<webdriver> wait = new WebDriverWait(driver, Duration.ofSeconds(2));
        Alert alert = wait.until(ExpectedConditions.alertIsPresent());

        //Store the alert in a variable for reuse
        String text = alert.getText();

        //Press the Cancel button
        alert.dismiss();
        Assert.assertEquals(text, "Are you sure?");

    } finally {
        driver.quit();
    }
}
```

https://gitlab.com/testautomation_lectures/testautomation_jdk22/-/blob/1.0.0/src/test/java/browserInteractions/AlertsTest.java

>> Prompt Alert

Prompt alert는 아래 그림처럼 사용자에게 질문하고 이에 대한 대답을 요구하는Alert로써 테스트시나리오에 맞게 응답합니다.

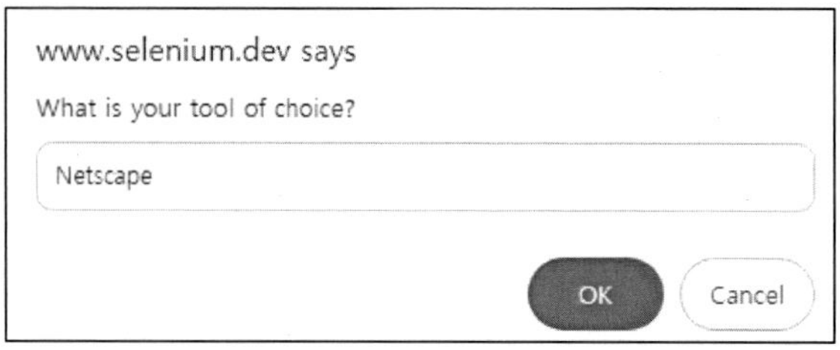


```
@Test
public void promptAlert() {
    WebDriver driver = new ChromeDriver();

    try {
        driver.get("https://www.selenium.dev/documentation/webdriver/interactions/alerts/");

        //Click the link to activate the alert
        driver.findElement(By.linkText("See a sample prompt")).click();

        //Wait for the alert to be displayed and store it in a variable
        Wait<webdriver> wait = new WebDriverWait(driver, Duration.ofSeconds(2));
        Alert alert = wait.until(ExpectedConditions.alertIsPresent());

        //Type your message
        alert.sendKeys("Selenium");

        //Press the OK button
        alert.accept();

    } finally {
        driver.quit();
    }
}
```

https://gitlab.com/testautomation_lectures/testautomation_jdk22/-/blob/1.0.0/src/test/java/browserInteractions/AlertsTest.java

Cookies

쿠키는 웹페이지에서 사용자의 시스템으로 보내는 작은 데이터로써, 웹사이트에서 사용자를 인식하기 위해 사용자 정보를 저장합니다. Selenium은 웹테스트를 위해 Cookies의 제어를 지원합니다.

Add Cookie

Cookie는 W3C에 정의된 데이터규정(https://www.w3.org/TR/webdriver1/#cookies)을 Json hash map 형식으로 저장됩니다.

```
@Test
public void addCookie() {
    WebDriver driver = new ChromeDriver();
    try {
        driver.get("https://www.selenium.dev/selenium/web/blank.html");
        // Add cookie into current browser context
        driver.manage().addCookie(new Cookie("key", "value"));
    } finally {
        driver.quit();
    }
}
```

https://gitlab.com/testautomation_lectures/testautomation_jdk22/-/blob/1.0.0/src/test/java/browserInteractions/CookiesTest.java

Get Named Cookie

수신된 Cookie데이터 중 특정 이름을 가진 Cookie 값을 검색합니다.

```
@Test
public void getNamedCookie() {
    WebDriver driver = new ChromeDriver();
    try {
        driver.get("https://www.selenium.dev/selenium/web/blank.html");
        // Add cookie into current browser context
        driver.manage().addCookie(new Cookie("foo", "bar"));
        // Get cookie details with named cookie 'foo'
        Cookie cookie = driver.manage().getCookieNamed("foo");
        Assert.assertEquals(cookie.getValue(), "bar");
    } finally {
```

```
            driver.quit();
        }
    }
```

https://gitlab.com/testautomation_lectures/testautomation_jdk22/-/blob/1.0.0/src/test/java/browserInteractions/CookiesTest.java

>> Get All Cookies

모든 Cookie값들을 출력합니다.

```
    @Test
    public void getAllCookies() {
        WebDriver driver = new ChromeDriver();
        try {
            driver.get("https://www.selenium.dev/selenium/web/blank.html");
            // Add cookies into current browser context
            driver.manage().addCookie(new Cookie("test1", "cookie1"));
            driver.manage().addCookie(new Cookie("test2", "cookie2"));
            // Get cookies
            Set<cookie> cookies = driver.manage().getCookies();
            for (Cookie cookie : cookies) {
                if (cookie.getName().equals("test1")) {
                    Assert.assertEquals(cookie.getValue(), "cookie1");
                }

                if (cookie.getName().equals("test2")) {
                    Assert.assertEquals(cookie.getValue(), "cookie2");
                }
            }
        } finally {
            driver.quit();
        }
    }
```

https://gitlab.com/testautomation_lectures/testautomation_jdk22/-/blob/1.0.0/src/test/java/browserInteractions/CookiesTest.java

>> Delete Cookie

아래예제는 지정한 이름을 가진 Cookie를 삭제합니다.

```
@Test
public void deleteCookieNamed() {
    WebDriver driver = new ChromeDriver();
    try {
        driver.get("https://www.selenium.dev/selenium/web/blank.html");
        driver.manage().addCookie(new Cookie("test1", "cookie1"));
        // delete cookie named
        driver.manage().deleteCookieNamed("test1");
    } finally {
        driver.quit();
    }
}
```

객체를 이용하여 검색하고 삭제할 수도 있습니다.

```
@Test
public void deleteCookieObject() {
    WebDriver driver = new ChromeDriver();
    try {
        driver.get("https://www.selenium.dev/selenium/web/blank.html");
        Cookie cookie = new Cookie("test2", "cookie2");
        driver.manage().addCookie(cookie);
        /*
         * Selenium Java bindings also provides a way to delete cookie by passing cookie
         * object of current browsing context
         */
        driver.manage().deleteCookie(cookie);
    } finally {
        driver.quit();
    }
}
```

https://gitlab.com/testautomation_lectures/testautomation_jdk22/-/blob/1.0.0/src/test/java/browserInteractions/CookiesTest.java

>> Delete All Cookies

모든 Cookie값을 삭제합니다.

```
@Test
public void deleteAllCookies() {
    WebDriver driver = new ChromeDriver();
    try {
        driver.get("https://www.selenium.dev/selenium/web/blank.html");
        // Add cookies into current browser context
        driver.manage().addCookie(new Cookie("test1", "cookie1"));
        driver.manage().addCookie(new Cookie("test2", "cookie2"));
        // Delete All cookies
        driver.manage().deleteAllCookies();
    } finally {
        driver.quit();
    }
}
```

https://gitlab.com/testautomation_lectures/testautomation_jdk22/-/blob/1.0.0/src/test/java/browserInteractions/CookiesTest.java

Frames

Frame은 단일 웹페이지에 복수의 콘텐츠를 표시하는 기법으로 예전에 포털사이트에서 IFrame을 많이 사용하였는데, HTML5에서는 사용하지 않습니다. 그러나 테스트하는 웹페이지가 아직 이를 사용한다면, Frame action으로 제어할 수 있습니다.

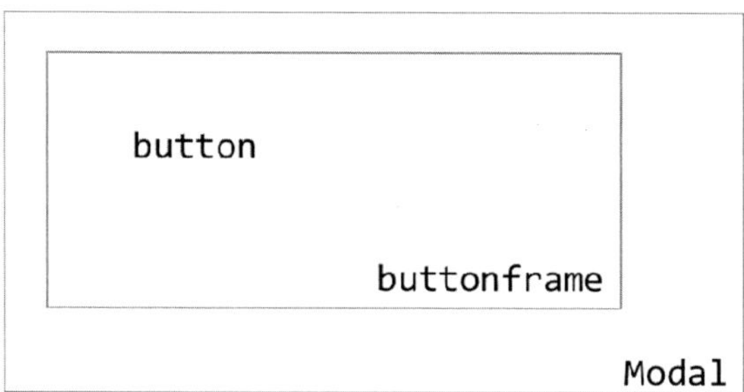

위와 같은 웹페이지는 다음의 코드를 가지고 있습니다.

```
<div id="modal">
 <iframe id="buttonframe" name="myframe" src="https://seleniumhq.github.io">
   <button>Click here</button>
 </iframe>
</div>
```

화면에는 모두 표시되지만, 실제로는 서로 다른 계층에 있으므로 아래 코드는 "No such element"에러를 표시하고 동작하지 않습니다.

```
//This won't work
driver.findElement(By.tagName("button")).click();
```

Frame을 지정하고 정확한 Layer로 이동해야만 시스템에서 해당 WebElement를 제어할 수 있습니다. Frame간의 이동은 WebElement, Name/ID, 또는 index를 이용할 수 있습니다.

>> WebElement로 Frame 이동

WebElement 객체를 저장하고 이를 ID로 활용하여 Frame을 이동합니다. 아래 예는 해당 Frame으로 이동하고 다시 클릭합니다. 이번에는 Frame을 지정하였으므로 정상적으로 동작합니다.

```
//Store the web element
WebElement iframe = driver.findElement(By.cssSelector("#modal>iframe"));

//Switch to the frame
driver.switchTo().frame(iframe);

//Now we can click the button
driver.findElement(By.tagName("button")).click();
```

>> Name이나 ID로 Frame 이동

웹페이지내의 Name이나 ID 속성을 이용하여 Frame을 이동합니다. DevTool등을 이용하여 웹페이지를 보고 이를 지정합니다.

```
//Using the ID
driver.switchTo().frame("buttonframe");

//Or using the name instead
driver.switchTo().frame("myframe");

//Now we can click the button
driver.findElement(By.tagName("button")).click();
```

>> Index로 Frame 이동

Frame이 여러 개가 설정되어 있을 경우, 각 Frame이 가진 색인을 이용하여 이동합니다.

```
// Switches to the second frame
driver.switchTo().frame(1);
```

색인은 각 계층별로 아래의 예처럼 0부터 시작합니다.

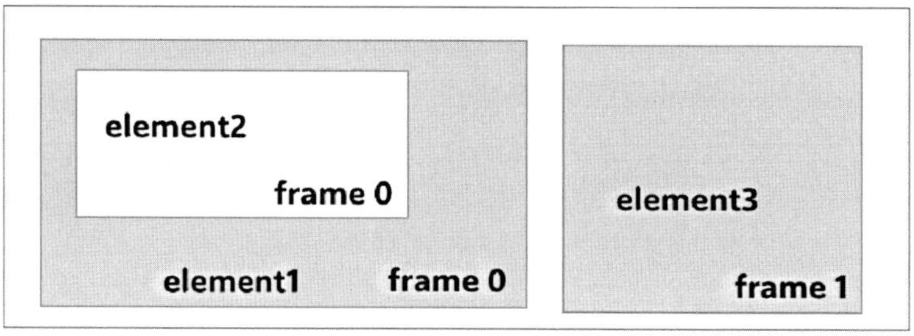

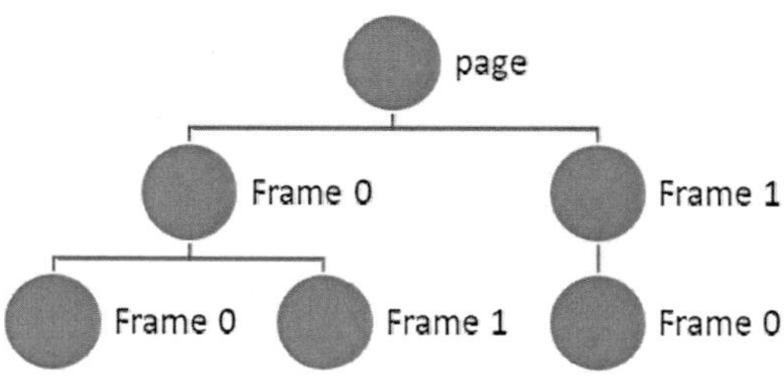

>> 원래의 Frame으로 복귀

아래그림처럼 여러 계층을 이동하다가 원래의 자리로 복귀할 때 사용합니다.

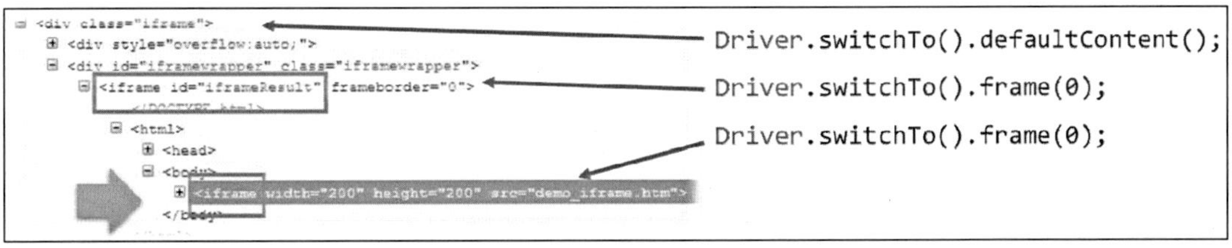


```
// Return to the top level
driver.switchTo().defaultContent();
```

Windows

Window는 Frame과 마찬가지로 각각의 window를 서로 다른 Layer로 간주하므로 반드시 target window로 이동한 후에 WebElement를 제어할 수 있습니다. 아래 예처럼 2개의 window가 열려 있을 때, Window 1으로 이동해야 element2를 제어할 수 있습니다.

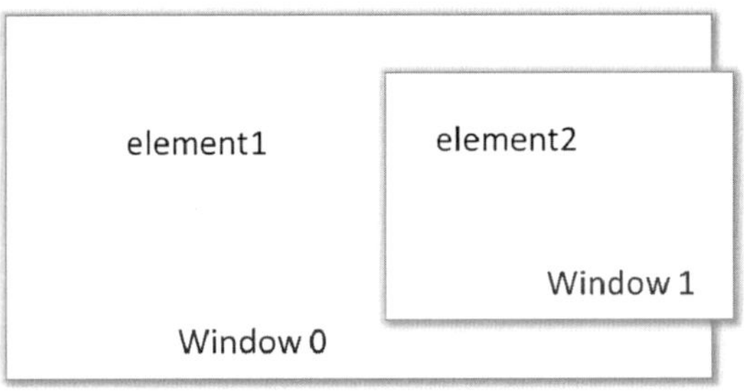

>> Get window handle

현재 window instance를 읽습니다. 다른 window로 이동하기 전에 현재 Window의 ID를 저장하고 있어야 다시 복귀할 수 있으니 Windows제어에서는 필수적인 action입니다.

```
//Store the ID of the original window
String originalWindow = driver.getWindowHandle();
```

>> Switching windows or tabs

복수의 Windows나 Tab이 열려있을 경우, 이들 간을 이동하는 동작이며, 마치 사용자가 window

나 Tab을 클릭하는 것과 같은 결과를 보입니다.

```
//다른 window로 이동합니다.
driver.switchTo().window(windowHandle);
```

>> Create new window (or) new tab and switch

시스템이 신규 Window나 Tab을 열었을 경우, 이를 자동으로 감지하여 이동합니다. 일일이 Window handle을 지정하지 않아도 됩니다.

```
// Opens a new tab and switches to new tab
driver.switchTo().newWindow(WindowType.TAB);

// Opens a new window and switches to new window
driver.switchTo().newWindow(WindowType.WINDOW);
```

>> Closing a window or tab

Window나 Tab을 닫습니다.

```
//Close the tab or window
driver.close();
```

>> Quitting a browser

Quit를 호출하면, 아래의 동작들을 실행 합니다.

```
//모든 Window나 Tab을 종료합니다.
// 모든 Browser action을 종료합니다.
// backend driver process를 종료합니다.
// Selenium Grid사용시에는 사용Browser의 연결을 해지합니다.

driver.quit();
```

따라서 quit()은 아래와 같이 테스트코드의 가장 마지막에 실행하는 것이 좋습니다.

```
try {
    //WebDriver code here...
} finally {
    driver.quit();
}
```

>> Get window size

현재window의 크기를 가로 세로값 또는 Dimension 객체로 읽습니다.

```
//Access each dimension individually
int width = driver.manage().window().getSize().getWidth();
int height = driver.manage().window().getSize().getHeight();

//Or store the dimensions and query them later
Dimension size = driver.manage().window().getSize();
int width1 = size.getWidth();
int height1 = size.getHeight();
```

>> Set window size

현재 Window의 크기를 조정합니다.

```
driver.manage().window().setSize(new Dimension(1024, 768));
```

>> Get window position

현재 Window의 위치를 XY값 또는Point객체로 읽습니다.

```
// Access each dimension individually
int x = driver.manage().window().getPosition().getX();
int y = driver.manage().window().getPosition().getY();

// Or store the dimensions and query them later
Point position = driver.manage().window().getPosition();
int x1 = position.getX();
int y1 = position.getY();
```

>> Set window position

현재 Window의 시작위치를 지정합니다.

```
// Move the window to the top left of the primary monitor
driver.manage().window().setPosition(new Point(0, 0));
```

>> Maximize window

현재 Window의 크기를 화면 최대 크기로 조정합니다.

```
driver.manage().window().maximize();
```

>> Minimize window

현재 Window의 크기를 화면 최소 크기로 조정합니다.

```
driver.manage().window().minimize();
```

>> Fullscreen window

F11키를 눌러서 browser의 head part가 없는 full screen효과를 설정합니다.

```
driver.manage().window().fullscreen();
```

>> TakeScreenshot

Window 전체를 화일로 저장합니다.

```
@Test
public void Screenshot() throws IOException {
    WebDriver driver = new ChromeDriver();

    try {
        driver.get("http://www.example.com");
        File scrFile = ((TakesScreenshot)driver).getScreenshotAs(OutputType.FILE);
        FileUtils.copyFile(scrFile, new File("./image.png"));
```

```
    } finally {
        driver.quit();
    }
}
```

https://gitlab.com/testautomation_lectures/testautomation_jdk22/-/blob/1.0.0/src/test/java/browserInteractions/WindowsTest.java

>> TakeElementScreenshot

Windos내의 Element를 image file로 저장합니다.

```
@Test
public void ElementTakeScreenshot() throws IOException {
    WebDriver driver = new ChromeDriver();

    try {
        driver.get("http://www.example.com");
        WebElement element = driver.findElement(By.cssSelector("h1"));
        File scrFile = element.getScreenshotAs(OutputType.FILE);
        FileUtils.copyFile(scrFile, new File("./elementImage.png"));
    } finally {
        driver.quit();
    }
}
```

https://gitlab.com/testautomation_lectures/testautomation_jdk22/-/blob/1.0.0/src/test/java/browserInteractions/WindowsTest.java

>> Execute Script

Selenium은 ExecuteScript()를 이용하여 Javascript을 실행시킬 수 있습니다.

```
//Creating the JavascriptExecutor interface object by Type casting
      JavascriptExecutor js = (JavascriptExecutor)driver;

//Button Element
      WebElement button =driver.findElement(By.name("btnLogin"));

//Executing JavaScript to click on element
      js.executeScript("arguments[0].click();", button);
```

```
//Get return value from script
      String text = (String) js.executeScript("return arguments[0].innerText", button);

//Executing JavaScript directly
      js.executeScript("console.log('hello world')");
```

>> Print Page

현재 Browser의 내용을 인쇄합니다. Chrome계열의 Browser에서만 작동합니다.

```
    driver.get("https://www.selenium.dev");
    printer = (PrintsPage) driver;
    PrintOptions printOptions = new PrintOptions();
    printOptions.setPageRanges("1-2");
    Pdf pdf = printer.print(printOptions);
    String content = pdf.getContent();
```

Element Interactions

이 장에서는 WebPage내부에 대해 제어하는 방법에 대해 살펴보겠습니다. WebPage에는 다양한 WebContorl들이 아래 그림처럼 있으며, 이들은 Selenium에서 WebElement 객체로 매핑된 후에 사용됩니다.

Selenium은 아래와 같은 HTML를 읽어서 WebPage내의 여러 attribute들(Id, class 등)을 이용하여 WebElemet로 매핑합니다.

```
<style>
.information {
  background-color: white;
  color: black;
  padding: 10px;
}
</style>
<h2>Contact Selenium</h2>

<form action="/action_page.php">
  <input type="radio" name="gender" value="m">Male
  <input type="radio" name="gender" value="f">Female <br>
  <br>
  <label for="fname">First name:</label><br>
  <input class="information" type="text" id="fname" name="fname" value="Jane"><br><br>
  <label for="lname">Last name:</label><br>
  <input class="information" type="text" id="lname" name="lname" value="Doe"><br><br>
  <label for="newsletter">Newsletter:</label>
  <input type="checkbox" name="newsletter" value="1"><br><br>
  <input type="submit" value="Submit">
</form>

<p>To know more about Selenium, visit the official page
<a href="www.selenium.dev">Selenium Official Page</a>
</p>
```

WebElement로의 매핑은 Element의 제어를 위해 가장 먼저 실행해야 할 선행작업으로써, 먼저 식별자인 Locator를 선정하고 검색방법을 설정하여 실행하면 완료됩니다. 매핑이 완료된 후에는 WebElemet를 읽고 쓰고 작동시키는 동작을 실행할 수 있습니다.

Locator 선정

데이터베이스에서 검색키를 이용하여 데이터를 검색하듯이 HTML내의 Attribute들을 이용하여 원하는 WebControl을 검색하기 위해 식별자를 선택하는 과정입니다. HTML에는 다양한 Attribute들이 존재하는 만큼 Locator또한 다양하게 지원합니다.

Sample :

https://gitlab.com/testautomation_lectures/testautomation_jdk22/-/blob/1.0.0/src/test/java/elemtInteractions/LocatorsTest.java

>> class name

class를 식별자로 선정하는 방법으로써, 아래 예제는 ClassName이 "information"인 Element를 전체 Webpage에서 검색하고 결과를 돌려줍니다.

```
driver.findElement(By.className("information"));
```

WebElement는 아래와 같은 element를 매핑하게 됩니다.

```
<input class="information" type="text" id="fname" name="fname" value="Jane"><br><br>
```

>> css selector

CSS는 HTML의 style을 꾸며주는 언어입니다. 이를 이용하여 다양한 Element를 식별할 수 있습니다. 특히, 식별 속도가 빠르고 다양한 속성을 이용할 수 있어 많이 사용됩니다.

아래 예는 ID가 "fname"인 Element를 전체 Webpage에서 검색하고 결과를 돌려줍니다.

```
driver.findElement(By.cssSelector("#fname"));
```

WebElement는 아래와 같은 element를 매핑하게 됩니다.

```
<input class="information" type="text" id="fname" name="fname" value="Jane"><br><br>
```

>> id

아래 예는 ID가 "fname"인 Element를 전체 Webpage에서 검색하고 결과를 돌려줍니다.

```
driver.findElement(By.id("fname"));
```

WebElement는 아래와 같은 element를 매핑하게 됩니다.

```
<input class="information" type="text" id="fname" name="fname" value="Jane"><br><br>
```

>> name

아래 예는 name이 "fname"인 Element를 전체 Webpage에서 검색하고 결과를 돌려줍니다.

```
driver.findElement(By.name("fname"));
```

WebElement는 아래와 같은 element를 매핑하게 됩니다.

```
<input class="information" type="text" id="fname" name="fname" value="Jane"><br><br>
```

>> link text

link text는 Element가 link인 경우, 즉, Tag가 "a"인 Element의 Text값을 검색합니다.

아래 예는 link에 Text값이 "Selenium Official Page"인 Element를 전체 Webpage에서 검색하고 결과를 돌려줍니다.

```
driver.findElement(By.linkText("Selenium Official Page"));
```

WebElement는 아래와 같은 element를 매핑하게 됩니다.

```
<a href="www.selenium.dev">Selenium Official Page</a>
```

>> partial link text

link text와 기능은 동일하나 Link에 표시된 Text값의 전체를 확인하는 Link Text와는 다르게 Text 의 일부를 확인하여 검색합니다.

아래 예는 link에 Text값이 "Official Page"인 Element를 전체 Webpage에서 검색하고 결과를 돌려줍니다.

```
driver.findElement(By.partialLinkText("Selenium Official Page"));
```

WebElement는 아래와 같은 element 를 매핑하게 됩니다.

```
<a href="www.selenium.dev">Selenium Official Page</a>
```

>> tag name

아래 예와 같이 HTML TAG를 이용하여 검색하고 결과를 돌려줍니다. Tag는 웹페이지에 복수로 존재할 수 있으므로 주의해서 사용해야 합니다.

```
driver.findElement(By.tagName("a"));
```

WebElement는 아래와 같은 element 를 매핑하게 됩니다.

```
<input type="radio" name="gender" value="f">Female <br>
```

>> xpath

xpath는 HTML을 구성하는 xml 계층구조에 근거하여 식별하는 기법입니다. 매우 세밀하게 식별할 수 있어 많이 사용되며, 응답속도 또한 많이 향상되어 Element를 검색할 때 가장 많이 사용하는 방법입니다.

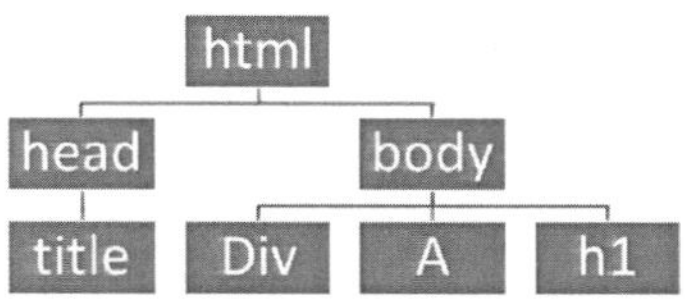

웹페이지가 위와 같은 xml 계층으로 구성되어 있을 때, xpath는 2가지 방법으로 검색을 지원합니다.

Xpath 종류	설명
절대주소(Absolute path)	"title" element를 검색하기 위해, Root에서 모든 path를 지정합니다. html/head/title
상대주소(Relative path)	"title" element를 검색하기 위해 상대연산자(//)를 사용하여 path를 지정합니다. //title

아래 예는 value가 "f"인 input tag를 모든 Element에서 검색합니다.

```
driver.findElement(By.xpath("//input[@value='f']"));
```

WebElement는 아래와 같은 element를 매핑하게 됩니다.

```
<a href="www.selenium.dev">Selenium Official Page</a>
```

>> Relative Locators

Relative Locators들은 UI상에서의 위치를 기준으로 근접한 Element를 검색하고 결과를 돌려줍니다. 상대주소로 검색하는 xpath와 비슷하나, 위치 정보를 사용하는 것이 다릅니다. 보통 Accessibility test할때, 연관 Element들 간의 키 입력 순서 체크할 때 사용하거나, WebControl이 잘 매핑이 안 되는 경우에 유용하게 사용됩니다. 아래화면을 예로 각각의 경우를 살펴보겠습니다.

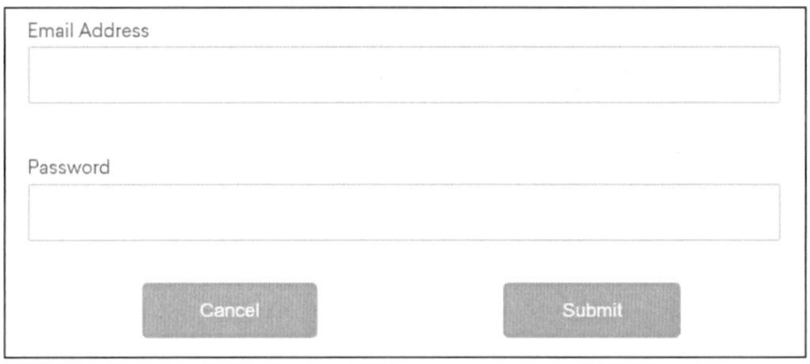

Sample :
https://gitlab.com/testautomation_lectures/testautomation_jdk22/-/blob/1.0.0/src/test/java/elemtInteractions/RelativeLocatorsTest.java

◆ Above

특정위치에서 위쪽의 Element를 검색합니다.

```
RelativeLocator.with(By.tagName("input")).above(By.id("password"));
```

예제는 input element중에 ID가 "password"인 element의 위에 있는 element를 검색하므로 email address가 선택됩니다.

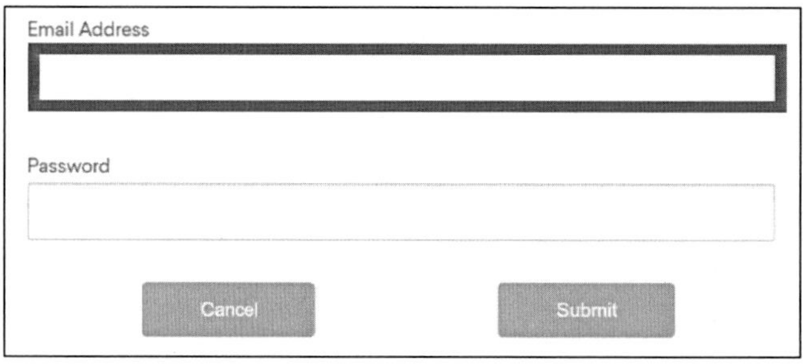

◆ Below

특정위치에서 아래쪽의 Element를 검색합니다.

```
RelativeLocator.with(By.tagName("input")).below(By.id("email"));
```

예제는 input element중에 ID가 "email"인 element의 아래에 있는 element를 검색하므로 password가 선택됩니다.

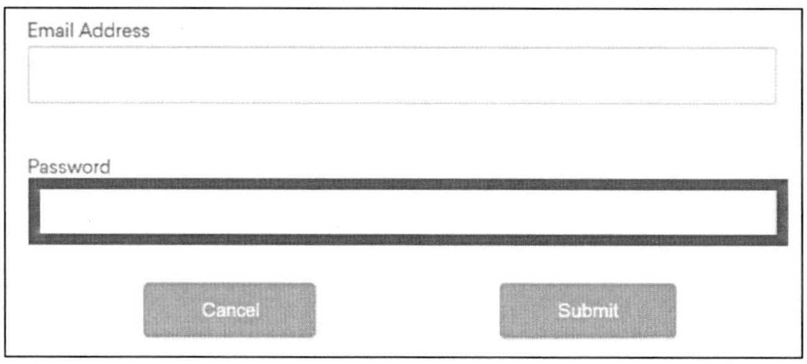

◆ Left of

특정위치에서 좌측의 Element를 검색합니다.

```
RelativeLocator.with(By.tagName("button")).toLeftOf(By.id("submit"));
```

예제는 button element중에 ID가 "submit"인 element의 좌측에 있는 element를 검색하므로 cancel이 선택됩니다.

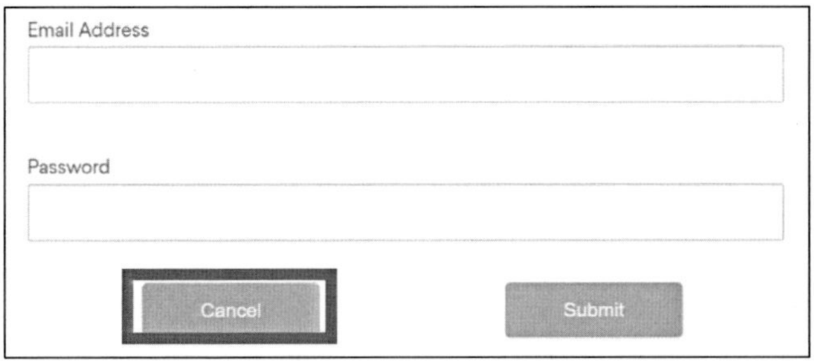

◆ Right of

특정위치에서 우측의 Element를 검색합니다.

```
RelativeLocator.with(By.tagName("button")).toRightOf(By.id("cancel"));
```

예제는 button element중에 ID가 "cancel"인 element의 우측에 있는 element를 검색하므로 submit이 선택됩니다.

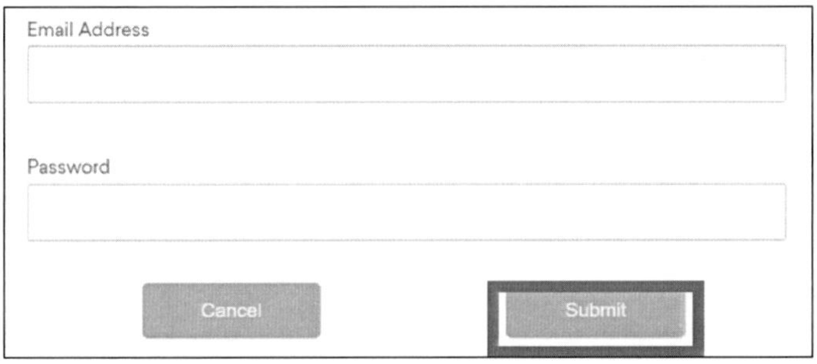

◆ Near

특정위치에서 상하좌우로 약 50pixel 내로 근처에 있는 Element를 검색합니다.

```
RelativeLocator.with(By.tagName("input")).near(By.id("lbl-email"));
```

예제는 input element중에 ID가 "lbl-email"인 element의 근처에 있는 element를 검색하므로 email address가 선택됩니다.

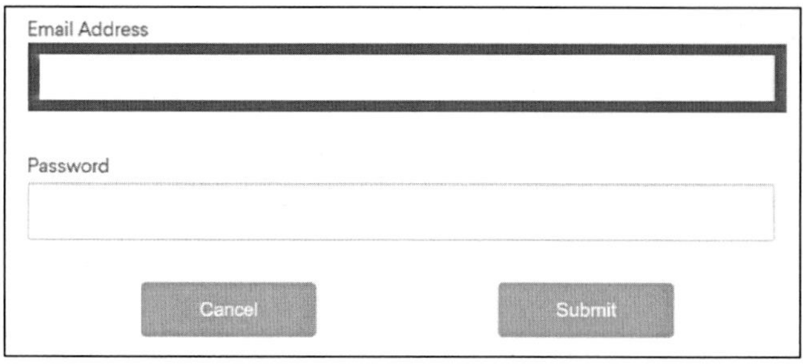

◆ Chaining

Relative Locator를 복합하여 사용할 수 있습니다.

```
RelativeLocator.with(By.tagName("button")).below(By.id("email")).toRightOf(By.id("cancel
"));
```

예제는 button element중에 ID가 "email"인 element의 아래에 있고 ID가 "cancel"인 element의 우측에 있는 element를 검색하므로 submit가 선택됩니다.

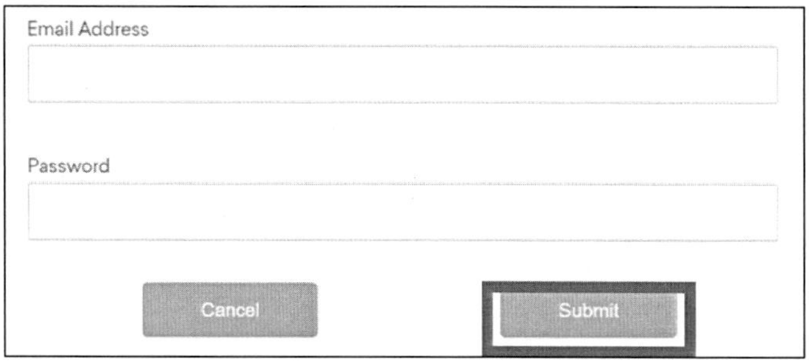

검색방법 설정

Locator를 선정하고 난후에는 구체적으로 어떻게 검색할 것인가를 설정해야 합니다. 단일 Element만 검색하거나 복수개의 Element를 한 번에 검색하는 방법이 있습니다.

아래의 웹페이지 예제는 동일한 Class name이 있는 Element들이 있습니다.

```
<ol id="vegetables">
 <li class="potatoes"></li>
 <li class="onions"></li>
 <li class="tomatoes"><span>Tomato is a Vegetable</span></li>
</ol>
<ul id="fruits">
  <li class="bananas"></li>
  <li class="apples"></li>
  <li class="tomatoes"><span>Tomato is a Fruit</span></li>
</ul>
```

Sample :
https://gitlab.com/testautomation_lectures/testautomation_jdk22/-/blob/1.0.0/src/test/java/elemtInteractions/FindersTest.java

>> First matching element

선택한 Locator를 이용하여 단일 Element를 검색하는 방법입니다. 웹페이지에 동일한 조건의 Element가 여러 개일 경우 첫 번째로 검색된 Element를 결과로 받습니다.

```
WebElement vegetable = driver.findElement(By.className("tomatoes"));
```

위의 코드에서는.Class의 name이 "tomatoes"인 element가 처음 매칭된 vegetable list내의 element를 아래와 같이 결과로 받습니다.

```
<ol id="vegetables">
 <li class="potatoes"></li>
 <li class="onions"></li>
 <li class="tomatoes"><span>Tomato is a Vegetable</span></li>
</ol>
<ul id="fruits">
  <li class="bananas"></li>
  <li class="apples"></li>
  <li class="tomatoes"><span>Tomato is a Fruit</span></li>
</ul>
```

>> Nested matching

이미 검색된 Element내의 다른 element를 검색할때 다시 동일한 방법으로 검색할 수 있습니다.

```
WebElement fruits = driver.findElement(By.id("fruits"));
WebElement fruit = fruits.findElement(By.className("tomatoes"));
```

위의 코드에서는 ID가 "fruits"인 element를 검색하고, fruits내에서 class name이 "tomatoes"인 element를 아래와 같이 결과로 받습니다.

```
<ol id="vegetables">
 <li class="potatoes"></li>
 <li class="onions"></li>
 <li class="tomatoes"><span>Tomato is a Vegetable</span></li>
</ol>
<ul id="fruits">
  <li class="bananas"></li>
  <li class="apples"></li>
  <li class="tomatoes"><span>Tomato is a Fruit</span></li>
</ul>
```

그러나 nested matching은 최소 2단계의 검색을 하므로, 한 번의 검색에서 정확한 Element를 찾는 아래와 같은 방법이 더 효율적입니다.

```
WebElement fruit = driver.findElement(By.cssSelector("#fruits .tomatoes"));
```

>> All matching element

선택한 Locator를 이용하여 조건에 매칭되는 모든 Element들을 Element list로 받습니다.

```
List<WebElement> plants = driver.findElements(By.tagName("li"));
```

위의 코드는 li element를 모두 list로 아래와 같이 받습니다.

```
<ol id="vegetables">
 <li class="potatoes"></li>
 <li class="onions"></li>
 <li class="tomatoes"><span>Tomato is a Vegetable</span></li>
</ol>
<ul id="fruits">
  <li class="bananas"></li>
  <li class="apples"></li>
  <li class="tomatoes"><span>Tomato is a Fruit</span></li>
</ul>
```

›› Get element from Element list

loop를 이용하여 Element list내의 Element를 호출하여 사용할 수 있습니다.

```
List<WebElement> elements = driver.findElements(By.tagName("li"));
for (WebElement element : elements) {
    System.out.println("Paragraph text:" + element.getText());
}
```

Read from Element

검색된 Element에서 Element가 보이는지, 동작가능한 상태인지 등의 상세한 정보를 읽습니다. 모든 결과는 읽는 시점의 상태이므로 갱신된 정보를 읽으려면 Element 를 재검색하고 정보를 읽어야 합니다.

Sample :
https://gitlab.com/testautomation_lectures/testautomation_jdk22/-/blob/1.0.0/src/test/java/elemtInteractions/InformationTest.java

›› Is_Disaplyed

검색된 Element가 화면에 display 되었는지를 나타내는 상태 표시자입니다. True일 경우 현재 display된 것입니다.

```
// isDisplayed
// Get boolean value for is element display
boolean isEmailVisible = driver.findElement(By.name("email_input")).isDisplayed();
assertEquals(isEmailVisible,true);
```

위의 코드는 name이 "email_input"인 Element가 display되어 있는 지 테스트합니다.

>> Is_Enabled

검색된 Element가 enable되었는 지 즉, 작동가능한 상태인가를 나타내는 상태 표시자입니다. True일 경우 현재 enable된 것입니다.

```
//isEnabled
//returns true if element is enabled else returns false
boolean isEnabledButton = driver.findElement(By.name("button_input")).isEnabled();
assertEquals(isEnabledButton,true);
```

위의 코드는 name이 "botton_input"인 Element가 enable되어 있는 지 테스트합니다.

>> Is_Selected

검색된 Element가 select되었는 가를 나타내는 상태 표시자입니다. True일 경우 현재 select된 것입니다.

```
//isSelected
//returns true if element is checked else returns false
boolean isSelectedCheck = driver.findElement(By.name("checkbox_input")).isSelected();
assertEquals(isSelectedCheck,true);
```

위의 코드는 name이 "checkbox_input"인 Element가 select되어 있는 지 테스트합니다.

>> TagName

매핑된 WebControl의 종류(input, textbox 등)를 받습니다.

```
//TagName
//returns TagName of the element
String tagNameInp = driver.findElement(By.name("email_input")).getTagName();
assertEquals(tagNameInp,"input");
```

위의 코드는 name이 “email_input”인 Element의 Tag를 받습니다.

>> Size and Position

검색된 Element의 시작위치와 크기를 받습니다.

```
//GetRect
// Returns height, width, x and y coordinates referenced element
Rectangle res =  driver.findElement(By.name("range_input")).getRect();
// Rectangle class provides getX,getY, getWidth, getHeight methods
assertEquals(res.getX(),10);
```

위의 코드는 name이 “range_input”인 Element의 위치와 크기를 Rectangle 객체로 받습니다.

>> Get CSS Value

검색된 Element의 CSS style정보를 받습니다.

```
// Retrieves the computed style property 'font-size' of field
String cssValue = driver.findElement(By.name("color_input")).getCssValue("font-size");
assertEquals(cssValue, "13.3333px");
```

위의 코드는 name이 “color_input”인 Element의 CSS style중 “font-size”의 값을 받습니다.

웹테스트의 일종인 CSS test에서 많이 쓰이는 기능입니다.

>> Text Content

검색된 Element의 Text값을 받습니다.

```
//GetText
// Retrieves the text of the element
String text = driver.findElement(By.tagName("h1")).getText();
assertEquals(text, "Testing Inputs");
```

위의 코드는 h1 Element의 Text 값을 받습니다.

>> Fetching Attributes or Properties

검색된 Element의 Attribute값을 받습니다.

```
//FetchAttributes
//identify the email text box
WebElement emailTxt = driver.findElement(By.name(("email_input")));
//fetch the value property associated with the textbox
String valueInfo = emailTxt.getAttribute("value");
assertEquals(valueInfo,"admin@localhost");
```

위의 코드는 name이 "email_input"인 Element의 value attribute의 값을 받습니다.

Do to Element

검색된 Element에서 실행가능한 Action들은 Click, Sendkeys, Clear등 다양하나, Element의 유형에 따라 가능한 action이 다르니 확인하고 사용하는 것이 좋습니다.

Sample :
https://gitlab.com/testautomation_lectures/testautomation_jdk22/-/blob/1.0.0/src/test/java/elemtInteractions/InteractionTest.java

>> Click

검색된 Element를 클릭합니다. 버튼인 경우에는 Push하는 결과를 보이고, Input인 경우에는 Focus를 가져오는 결과를 보입니다.

```
// Click on the element
WebElement checkInput=driver.findElement(By.name("checkbox_input"));
checkInput.click();
```

>> Sendkeys

검색된 Element가 편집 가능한 Element인 경우, key값을 입력합니다.

```
// Clear field to empty it from any previous data
WebElement emailInput=driver.findElement(By.name("email_input"));
emailInput.clear();
//Enter Text
String email="admin@localhost.dev";
emailInput.sendKeys(email);
```

위 예제는 emailInput element에 "admn@localhost.dev"을 입력합니다.

>> Clear

검색된 Element가 편집 가능한 Element인 경우, 기존의 내용을 모두 삭제하고 초기화합니다.

```
    //Clear Element
    // Clear field to empty it from any previous data
    emailInput.clear();
```

위 예제는 emailInput element의 내용을 초기화합니다.

>> File Upload

검색된 Element가 Input Element이고 Type이 File인 경우, File upload dialog를 오픈하지 않고도 File을 Upload 할 수 있습니다,

```
WebElement fileInput = driver.findElement(By.cssSelector("input[type=file]"));
fileInput.sendKeys(uploadFile.getAbsolutePath());
driver.findElement(By.id("file-submit")).click();
```

위 예제는 File input element를 식별하고 Sendkeys()를 이용하여 File을 upload합니다.

Actions API

웹페이지에서 필요한 다양한 action들(Drag&Drop, Scroll등)은 Action builder를 통해 실행할 수 있습니다. Action builder는 여러 action들을 모아서 실행합니다. 예를 들면, Ctrl+C는 2개의 key

를 동시에 입력해야 하는데, Action builder는 sendKeys()를 연속적으로 실행할 수 있습니다.

Action제어

Action builder의 상태나 실행을 제어하는 명령입니다.

Sample :

https://gitlab.com/testautomation_lectures/testautomation_jdk22/-/blob/1.0.0/src/test/java/actionsApi/ActionsTest.java

>> Pasuse

일정시간 action을 멈추고 진행합니다. 아래 예제처럼 action간에 잠시 동작을 멈추어야 할 경우에 이를 지원합니다.

```
        WebElement clickable = driver.findElement(By.id("clickable"));
        new Actions(driver)
                .moveToElement(clickable)
                .pause(Duration.ofSeconds(1))
                .clickAndHold()
                .pause(Duration.ofSeconds(1))
                .sendKeys("abc")
                .perform();
```

>> Action상태의 초기화

웹페이지에서 link를 클릭하면 내용은 변경되지 않아도 link의 색깔이 바뀌는 것을 볼 수 있습니다. 이것은 웹페이지의 상태가 변경되었음을 보여주며, Selenium Driver도 이와 같이 이전까지 실행했던 모든 상태를 저장합니다. 이때 이미 변경된 상태를 최초 웹페이지가 로딩된 상태로 초기화할 수 있습니다.

```
((RemoteWebDriver) driver).resetInputState();
```

Keyboard

컴퓨터자판을 제어하는 동작을 하는데, 기본적으로 키를 down하고 release하는 동작을 구별해서 수행합니다. 모든 key는 enum을 사용합니다.

>> Key down

아래의 예는 Shift를 누른 채로 a를 입력하여 "A"를 입력합니다.

```
new Actions(driver)
        .keyDown(Keys.SHIFT)
        .sendKeys("a")
```

>> Key up

아래의 예는 "Ab" 입력합니다.

```
new Actions(driver)
        .keyDown(Keys.SHIFT)
        .sendKeys("a")
        .keyUp(Keys.SHIFT)
        .sendKeys("b")
        .perform();
```

>> Copy and Paste

키보드 동작에서 가장 많이 사용하는Copy&Paste는 아래 예와 같이 실행할 수 있습니다.

```
Keys cmdCtrl = Platform.getCurrent().is(Platform.MAC) ? Keys.COMMAND : Keys.CONTROL;

WebElement textField = driver.findElement(By.id("textInput"));
new Actions(driver)
        .sendKeys(textField, "Selenium!")
        .sendKeys(Keys.ARROW_LEFT)
        .keyDown(Keys.SHIFT)
        .sendKeys(Keys.ARROW_UP)
        .keyUp(Keys.SHIFT)
        .keyDown(cmdCtrl)
        .sendKeys("xvv")
        .keyUp(cmdCtrl)
        .perform();

Assertions.assertEquals("SeleniumSelenium!", textField.getAttribute("value"));
```

Mouse

마우스는 기본적으로 Click down, Click up, 그리고 포인터이동 action이 지원됩니다. 또한 아래와 같이 마우스의 버튼을 세부적으로 제어할 수 있습니다.

- 0 — Left Button (the default)
- 1 — Middle Button (currently unsupported)
- 2 — Right Button
- 3 — X1 (Back) Button
- 4 — X2 (Forward) Button

Sample :
https://gitlab.com/testautomation_lectures/testautomation_jdk22/-/blob/1.0.0/src/test/java/actionsApi/MouseTest.java

Click and hold

일반적으로 Click은 Click down and up을 실행합니다. ClickAndHold는 Click down만 실행합니다.

```
WebElement clickable = driver.findElement(By.id("clickable"));
new Actions(driver)
        .clickAndHold(clickable)
        .perform();
```

Context Click

"Right click"이라 불리며, popup 메뉴를 호출합니다.

```
WebElement clickable = driver.findElement(By.id("clickable"));
new Actions(driver)
        .contextClick(clickable)
        .perform();
```

Back Click

마우스의 back button을 클릭하는 효과를 보입니다. 보통은 Browser의 back button과 동일하나 프로그래밍된 마우스의 경우는 다른 동작을 할 수 있습니다.

```
PointerInput mouse = new PointerInput(PointerInput.Kind.MOUSE, "default mouse");
Sequence actions = new Sequence(mouse, 0)
        .addAction(mouse.createPointerDown(PointerInput.MouseButton.BACK.asArg()))
        .addAction(mouse.createPointerUp(PointerInput.MouseButton.BACK.asArg()));

((RemoteWebDriver) driver).perform(Collections.singletonList(actions));
```

>> Forward Click

마우스의 forward button을 클릭하는 효과를 보입니다. 보통은 Browser의 forward button과 동일하나 프로그래밍된 마우스의 경우는 다른 동작을 할 수 있습니다.

```
PointerInput mouse = new PointerInput(PointerInput.Kind.MOUSE, "default mouse");

Sequence actions = new Sequence(mouse, 0)
        .addAction(mouse.createPointerDown(PointerInput.MouseButton.FORWARD.asArg()))
        .addAction(mouse.createPointerUp(PointerInput.MouseButton.FORWARD.asArg()));

((RemoteWebDriver) driver).perform(Collections.singletonList(actions));
```

>> Double Click

Click을 2번 연속으로 실행합니다.

```
        WebElement clickable = driver.findElement(By.id("clickable"));
        new Actions(driver)
                .doubleClick(clickable)
                .perform();
```

>> Move to element

Hovering하는 것처럼 마우스의 포인터를 element의 중심으로 이동합니다.

```
        WebElement hoverable = driver.findElement(By.id("hover"));
        new Actions(driver)
                .moveToElement(hoverable)
                .perform();
```

>> Move by offset

특정 위치를 지정하여 아래와 같이 Hovering할 수 있습니다.

```
// offset from element : 현재 Element를 기준으로 위치를 지정하여 Hovering 합니다.
WebElement tracker = driver.findElement(By.id("mouse-tracker"));
new Actions(driver)
     .moveToElement(tracker, 8, 0)
     .perform();

// offset from Viewpoint : 현재 Viewpoint를 기준으로 위치를 지정하여 Hovering 합니다.
PointerInput mouse = new PointerInput(PointerInput.Kind.MOUSE, "default mouse");
Sequence actions = new Sequence(mouse, 0)
  .addAction(mouse.createPointerMove(Duration.ZERO, PointerInput.Origin.viewport(), 8, 1
2));
((RemoteWebDriver) driver).perform(Collections.singletonList(actions));
// offset from Current pointer location : 현재 커서의 위치를 기준으로 위치를 지정하여 Hovering
합니다.
new Actions(driver)
     .moveByOffset(13, 15)
     .perform();
```

>> Drag and Drop on Element

2개의 Element사이에 Drag and Drop을 실행합니다. 위치를 일일이 지정해줄 필요가 없기에 간편하게 Drag&Drop할 수 있습니다.

```
        WebElement draggable = driver.findElement(By.id("draggable"));
        WebElement droppable = driver.findElement(By.id("droppable"));
        new Actions(driver)
                .dragAndDrop(draggable, droppable)
                .perform();
```

>> Drag and Drop by offset

2개의 좌표 간에 Drag and Drop을 실행합니다.

```
WebElement draggable = driver.findElement(By.id("draggable"));
Rectangle start = draggable.getRect();
Rectangle finish = driver.findElement(By.id("droppable")).getRect();
```

```
new Actions(driver)
    .dragAndDropBy(draggable, finish.getX() - start.getX(), finish.getY() - start.getY())
    .perform();
```

Pen

펜 action은 Chrome계열의 Browser만 지원됩니다. 기본적으로 마우스를 이용하여 수행하지만, 애플의 Stylus와 비슷한 아래와 같은 버튼을 실행합니다.

- 0 — Touch Contact (the default; equivalent to a left click)
- 2 — Barrel Button (equivalent to a right click)
- 5 — Eraser Button (currently unsupported by drivers)

아래 예에서는 펜을 이용하여 여러 개의 선을 긋는 동작을 실행합니다.

```
WebElement pointerArea = driver.findElement(By.id("pointerArea"));
PointerInput pen = new PointerInput(PointerInput.Kind.PEN, "default pen");
PointerInput.PointerEventProperties eventProperties = PointerInput.eventProperties()
                .setTiltX(-72)
                .setTiltY(9)
                .setTwist(86);
PointerInput.Origin origin = PointerInput.Origin.fromElement(pointerArea);

Sequence actionListPen = new Sequence(pen, 0)
     .addAction(pen.createPointerMove(Duration.ZERO, origin, 0, 0))
     .addAction(pen.createPointerDown(0))
     .addAction(pen.createPointerMove(Duration.ZERO, origin, 2, 2, eventProperties))
     .addAction(pen.createPointerUp(0));

 ((RemoteWebDriver) driver).perform(Collections.singletonList(actionListPen));
```

Sample :
https://gitlab.com/testautomation_lectures/testautomation_jdk22/-/blob/1.0.0/src/test/java/actionsApi/PenTest.java

Wheel

Wheel action은 Chrome계열의 Browser만 지원됩니다.

Sample :

https://gitlab.com/testautomation_lectures/testautomation_jdk22/-/blob/1.0.0/src/test/java/actionsApi/WheelTest.java

>> Scroll to element

지정 Element가 화면에 나타날 때까지 scroll합니다.

```
        WebElement iframe = driver.findElement(By.tagName("iframe"));
        new Actions(driver)
                .scrollToElement(iframe)
                .perform();
```

>> Scroll by given amount

범위를 지정하여 scroll합니다. 아래 예는 꼬리말 영역까지 아래방향으로 scroll합니다,

```
        WebElement footer = driver.findElement(By.tagName("footer"));
        int deltaY = footer.getRect().y;
        new Actions(driver)
                .scrollByAmount(0, deltaY)
                .perform();
```

>> Scroll from an element by a given amount

검색된 Element에서 범위만큼 Scroll합니다. 아래 예는 scrollOrigin element에서 아래방향으로 200pixel 만큼 scroll합니다,

```
WebElement iframe = driver.findElement(By.tagName("iframe"));
WheelInput.ScrollOrigin scrollOrigin = WheelInput.ScrollOrigin.fromElement(iframe);
new Actions(driver)
      .scrollFromOrigin(scrollOrigin, 0, 200)
      .perform();
```

>> Scroll from an element with an offset

검색된 Element기준으로 지정된 좌표에서 지정된 범위만큼 Scroll합니다. Offset을 이용하므로 Element가 display되어 있는 것과는 상관없이 일관되게 Scroll됩니다. 즉, 웹페이지의 상태가 바

꿔더라도 항상 일정한 Scroll이 실행됩니다. 아래 예는 footer element의 중심에서 (0, -50)만큼 떨어진 위치에서 아래 방향으로 200pixel만큼 scroll합니다.

```
WebElement footer = driver.findElement(By.tagName("footer"));
WheelInput.ScrollOrigin scrollOrigin = WheelInput.ScrollOrigin.fromElement(footer, 0, -50);
new Actions(driver)
      .scrollFromOrigin(scrollOrigin,0, 200)
      .perform();
```

>> **Scroll from an offset of origin(element) by a given amount**

시작 좌표를 지정하고 범위만큼 scroll합니다. 아래 예는 (10,10)에서 아래방향으로 200pixel을 Scroll합니다.

```
WheelInput.ScrollOrigin scrollOrigin = WheelInput.ScrollOrigin.fromViewport(10, 10);
new Actions(driver)
        .scrollFromOrigin(scrollOrigin, 0, 200)
        .perform();
```

Bidirectional functionality

Bidirectional function은 Selenium 4.0에서 처음 지원되는 기능으로써 WebDriver BiDirectional Protocol(https://w3c.github.io/webdriver-bidi/) 규정에 기반을 두고 있습니다. Browser를 통해 Element를 식별하고 제어하는 일반적인 방법에서 추가적으로 Browser와 모든 통신을 제어하거나 신규 Element를 생성하는 등 특별한 테스트를 위해 지원하는 기능입니다. 현재는 Chrome Browser를 중심으로 지원되고 있으나 차후 다른 Browser에도 지원될 예정입니다.

Chrome DevTools

많은 Browser들이 웹개발자들을 위해 웹페이지를 Debugging하고 성능을 체크하는 Developer Tool을 제공합니다. DevTool은 이러한 Debugging이나 성능체크 또한 자동화할 수 있도록 지원합니다. 현재는 Chrome browser에서 아래의 기능들을 지원하고 있습니다.

- Performance Metrics : page loading time, network activity 나 rendering time 등 웹페이지의 성능을 계측하여 분석하는 자료를 제공합니다.
- Network Manipulation : Network Traffic분석하고 요구/응답 자료를 변경하여 웹어플리케이션이 네크워크에 반응하는 사항을 테스트 할 수 있습니다.
- JavaScript 실행 : 웹페이지에서 많이 사용되는 javascript을 실행하여 웹페이지에서의 반응을 디버깅할 수 있습니다.
- Console output : Console에 표시되는 디버깅 메시지를 읽어 들여 제어할 수 있습니다.
- Emulation : 디바이스나 네트워크를 모의 환경으로 설정하여 테스트할 수 있습니다.
- Security Auditing : 쿠키 조작 등 보안과 관련된 테스트가 가능합니다.

Sample :
https://gitlab.com/testautomation_lectures/testautomation_jdk22/-/blob/1.0.0/src/test/java/devTool/CdpEndpointTest.java

>> Set Cookie

Cookie를 할당합니다. 아래 예에서는 쿠키를 할당하고 이를 다시 읽어서 체크합니다.

```
@Test
public void setCookie() {
    Map<string, object=""> cookie = new HashMap<>();
    cookie.put("name", "cheese");
    cookie.put("value", "gouda");
    cookie.put("domain", "www.selenium.dev");
    cookie.put("secure", true);

    ((HasCdp) driver).executeCdpCommand("Network.setCookie", cookie);

    driver.get("https://www.selenium.dev");
    Cookie cheese = driver.manage().getCookieNamed("cheese");
    Assert.assertEquals("gouda", cheese.getValue());
}
```

>> 성능계측

Browser의 성능을 계측하여 표시합니다. 아래 예는 Metric을 추출하여 도시합니다.

```java
@Test
public void performanceMetrics() {
    driver.get("https://www.selenium.dev/selenium/web/frameset.html");

    ((HasCdp) driver).executeCdpCommand("Performance.enable", new HashMap<>());

    Map<string, object=""> response = ((HasCdp) driver).executeCdpCommand("Performance.getMetrics", new HashMap<>());
    List<map<string, object="">> metricList = (List<map<string, object="">>) response.get("metrics");

    Map<string, number=""> metrics = new HashMap<>();
    System.out.println("performance Metrics");
    for (Map<string, object=""> metric : metricList) {
        metrics.put((String) metric.get("name"), (Number) metric.get("value"));
        System.out.println(metric.get("name").toString()+"  :  "+metric.get("value").toString());
    }

    Assert.assertTrue(metrics.get("DevToolsCommandDuration").doubleValue() > 0);
    Assert.assertEquals(12, metrics.get("Frames").intValue());
}
```

코드를 실행하면 성능계수 값들이 출력되는데, 이들 중 아래의 값을 비교하여 검사합니다.

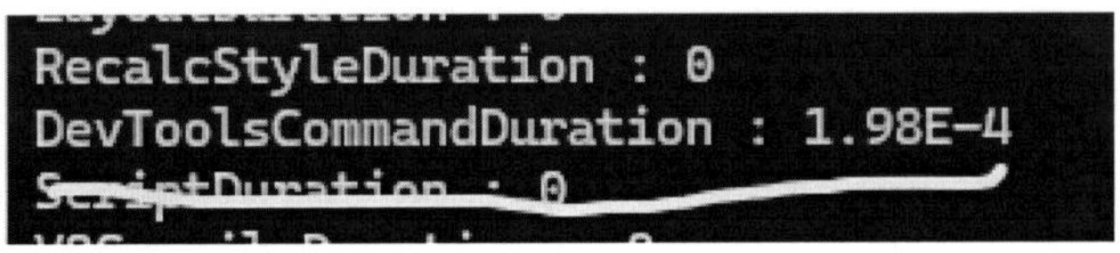

>> 지역 Emulation

웹사이트가 지역을 인식하는 코드를 테스트할 때, browser에 Location정보를 변경할 수 있습니다.

아래 예는 KFC 웹사이트에 Login하기 전에 Browser에 Location을 Washington DC로 Emulation 합니다.

```java
@Test
public void MockGeoLocation() {
    Map<string, object=""> geoloc = new HashMap<>();
    /*
     * //New York city
```

```
         * geoloc.put("latitude", 40.7128);
         * geoloc.put("longitude",-74.0060);
         * geoloc.put("accuracy", 100);
         */

        // Washington DC
        geoloc.put("latitude", 38.9072);
        geoloc.put("longitude", -77.0369);
        geoloc.put("accuracy", 100);
        ((ChromeDriver) driver).executeCdpCommand("Emulation.setGeolocationOverride", geoloc);
        driver.get("https://locations.kfc.com/search");
        WebElement elem = driver.findElement(By.cssSelector(".Locator-button.js-locator-geolocateTrigger"));
        elem.click();
    }
```

WebDriver-BiDi

Chrome외의 다른 Browser에서 지원되는 DevTool의 기능을 살펴보겠습니다. 앞서 설명된 Browser interaction과 비슷한 기능 외에 추가적인 제어를 제공합니다.

>> Browsing Context

Browsing context는 Browser가 로딩하고 저장한 웹페이지 내역과 이를 제어하는 코드로써 내부적으로는 xHTML 형식으로 되어 있습니다. Browsing context를 이용하여 Browse level 의 제어가 어떻게 이루어지며, Browser의 이벤트를 체크하는 방법을 살펴보겠습니다.

Sample :
https://gitlab.com/testautomation_lectures/testautomation_jdk22/-/blob/1.0.0/src/test/java/webdriver_BiDi/BrowsingContextTest.java

Open a new window : 주로 Javascript을 사용하였으나, 이제는 Selenium에서 지원합니다. 새로운 Window를 아래 예처럼 생성합니다.

```
void testCreateAWindow() {
    BrowsingContext browsingContext = new BrowsingContext(driver, WindowType.WINDOW);
    Assertions.assertNotNull(browsingContext.getId());
}
```

Open a new tab : 새로운 Tab를 아래 예처럼 생성합니다.

```
void testCreateATab() {
    BrowsingContext browsingContext = new BrowsingContext(driver, WindowType.TAB);
    Assertions.assertNotNull(browsingContext.getId());
}
```

Using existing window handle : 이미 사용 중인 Browser에 대해서도 할당하고 제어할 수 있습니다.

```
void testCreateABrowsingContextForGivenId() {
    String id = driver.getWindowHandle();
    BrowsingContext browsingContext = new BrowsingContext(driver, id);
    Assertions.assertEquals(id, browsingContext.getId());
}
```

Open a window with a reference browsing context : Top-level의 browsing context인 reference browsing context에 새 window를 생성합니다.

```
void testCreateAWindowWithAReferenceContext() {
    BrowsingContext
            browsingContext =
            new BrowsingContext(driver, WindowType.WINDOW, driver.getWindowHandle());
    Assertions.assertNotNull(browsingContext.getId());
}
```

Open a tab with a reference browsing context : Top-level의 browsing context인 reference browsing context에 새 tab을 생성합니다.

```
void testCreateATabWithAReferenceContext() {
    BrowsingContext
            browsingContext =
            new BrowsingContext(driver, WindowType.TAB, driver.getWindowHandle());
    Assertions.assertNotNull(browsingContext.getId());
}
```

URL로 이동: driver.get()과 비슷한 기능이나 보다 직접적인 제어가 가능합니다.

```
    void testNavigateToAUrl() {
        BrowsingContext browsingContext = new BrowsingContext(driver, WindowType.TAB);

        NavigationResult info = browsingContext.navigate("https://www.selenium.dev/selenium
/web/bidi/logEntryAdded.html");

        Assertions.assertNotNull(browsingContext.getId());
        Assertions.assertNotNull(info.getNavigationId());
        Assertions.assertTrue(info.getUrl().contains("/bidi/logEntryAdded.html"));
    }
```

URL로 이동하고 아래 예 처럼 로딩이 완료된 것을 체크할 수 있습니다.

```
    void testNavigateToAUrlWithReadinessState() {
        BrowsingContext browsingContext = new BrowsingContext(driver, WindowType.TAB);

        NavigationResult info = browsingContext.navigate("https://www.selenium.dev/selenium
/web/bidi/logEntryAdded.html",
                ReadinessState.COMPLETE);

        Assertions.assertNotNull(browsingContext.getId());
        Assertions.assertNotNull(info.getNavigationId());
        Assertions.assertTrue(info.getUrl().contains("/bidi/logEntryAdded.html"));
    }
```

Browsing context tree내역을 읽어들여 사용할 수 있습니다.

```
    void testGetTreeWithAChild() {
        String referenceContextId = driver.getWindowHandle();
        BrowsingContext parentWindow = new BrowsingContext(driver, referenceContextId);

        parentWindow.navigate("https://www.selenium.dev/selenium/web/iframes.html",
ReadinessState.COMPLETE);
        List<BrowsingContextInfo> contextInfoList = parentWindow.getTree();

        Assertions.assertEquals(1, contextInfoList.size());
        BrowsingContextInfo info = contextInfoList.get(0);
        Assertions.assertEquals(1, info.getChildren().size());
        Assertions.assertEquals(referenceContextId, info.getId());
        Assertions.assertTrue(info.getChildren().get(0).getUrl().contains("formPage.html"));
    }
```

Browsing context tree의 Depth를 읽습니다.

```
    void testGetTreeWithDepth() {
        String referenceContextId = driver.getWindowHandle();
        BrowsingContext parentWindow = new BrowsingContext(driver, referenceContextId);

        parentWindow.navigate("https://www.selenium.dev/selenium/web/iframes.html",
ReadinessState.COMPLETE);
        List<BrowsingContextInfo> contextInfoList = parentWindow.getTree(0);

        Assertions.assertEquals(1, contextInfoList.size());
        BrowsingContextInfo info = contextInfoList.get(0);
        Assertions.assertNull(info.getChildren()); // since depth is 0
        Assertions.assertEquals(referenceContextId, info.getId());
    }
```

Top level의 browsing context의 모든 내용을 읽습니다.

```
    void testGetAllTopLevelContexts() {
        BrowsingContext window1 = new BrowsingContext(driver, driver.getWindowHandle());
        BrowsingContext window2 = new BrowsingContext(driver, WindowType.WINDOW);

        List<BrowsingContextInfo> contextInfoList = window1.getTopLevelContexts();

        Assertions.assertEquals(2, contextInfoList.size());
    }
```

Tab이나 Window를 닫습니다 : Driver.Close()와 같은 기능입니다.

```
    void testCloseAWindow() {
        BrowsingContext window1 = new BrowsingContext(driver, WindowType.WINDOW);
        BrowsingContext window2 = new BrowsingContext(driver, WindowType.WINDOW);

        window2.close();

        Assertions.assertThrows(BiDiException.class, window2::getTree);
    }

    void testCloseATab() {
        BrowsingContext tab1 = new BrowsingContext(driver, WindowType.TAB);
        BrowsingContext tab2 = new BrowsingContext(driver, WindowType.TAB);
```

```
        tab2.close();

        Assertions.assertThrows(BiDiException.class, tab2::getTree);
    }
```

Browsing context를 활성화합니다.

```
BrowsingContext window1 = new BrowsingContext(driver, driver.getWindowHandle());
BrowsingContext window2 = new BrowsingContext(driver, WindowType.WINDOW);

window1.activate();
```

사용자의 입력란에 문자열을 입력합니다.

```
BrowsingContext browsingContext = new BrowsingContext(driver, driver.getWindowHandle());

driver.get("https://www.selenium.dev/selenium/web/alerts.html");

driver.findElement(By.id("prompt-with-default")).click();

String userText = "Selenium automates browsers";
browsingContext.handleUserPrompt(true, userText);
```

화면을 간단히 저장합니다.

```
BrowsingContext browsingContext = new BrowsingContext(driver, driver.getWindowHandle());

driver.get("https://www.selenium.dev/selenium/web/alerts.html");

String screenshot = browsingContext.captureScreenshot();
```

화면을 좌표로 지정하여 범위만큼 저장합니다.

```
BrowsingContext browsingContext = new BrowsingContext(driver, driver.getWindowHandle());

driver.get("https://www.selenium.dev/selenium/web/coordinates_tests/simple_page.html");

```

```
WebElement element = driver.findElement(By.id("box"));
Rectangle elementRectangle = element.getRect();
String screenshot =  browsingContext.captureBoxScreenshot
                     (elementRectangle.getX(), elementRectangle.getY(), 5, 5);
```

화면을 Element크기만큼 저장합니다.

```
BrowsingContext browsingContext = new BrowsingContext(driver, driver.getWindowHandle());
driver.get("https://www.selenium.dev/selenium/web/formPage.html");

WebElement element = driver.findElement(By.id("checky"));

String screenshot = browsingContext.captureElementScreenshot(((RemoteWebElement) element).
getId());
```

Viewport를 설정합니다.

```
BrowsingContext browsingContext = new BrowsingContext(driver, driver.getWindowHandle());
driver.get("https://www.selenium.dev/selenium/web/formPage.html");

browsingContext.setViewport(250, 300, 5);
```

화면을 인쇄합니다.

```
BrowsingContext browsingContext = new BrowsingContext(driver, driver.getWindowHandle());

driver.get("https://www.selenium.dev/selenium/web/formPage.html");
PrintOptions printOptions = new PrintOptions();

String printPage = browsingContext.print(printOptions);
```

이전 페이지로 이동합니다.

```
BrowsingContext browsingContext = new BrowsingContext(driver, driver.getWindowHandle());
browsingContext.navigate("https://www.selenium.dev/selenium/web/formPage.html", Readiness
State.COMPLETE);

wait.until(visibilityOfElementLocated(By.id("imageButton"))).submit();
```

```
wait.until(titleIs("We Arrive Here"));

browsingContext.back();
```

이후 페이지로 이동합니다.

```
BrowsingContext browsingContext = new BrowsingContext(driver, driver.getWindowHandle());
browsingContext.navigate("https://www.selenium.dev/selenium/web/formPage.html", Readiness
State.COMPLETE);

wait.until(visibilityOfElementLocated(By.id("imageButton"))).submit();
wait.until(titleIs("We Arrive Here"));

browsingContext.back();
Assertions.assertTrue(driver.getPageSource().contains("We Leave From Here"));

browsingContext.forward();
```

사이트 방문이력을 보여줍니다.

```
BrowsingContext browsingContext = new BrowsingContext(driver, driver.getWindowHandle());
browsingContext.navigate("https://www.selenium.dev/selenium/web/formPage.html", Readiness
State.COMPLETE);

wait.until(visibilityOfElementLocated(By.id("imageButton"))).submit();
wait.until(titleIs("We Arrive Here"));

browsingContext.traverseHistory(-1);
```

웹페이지는 로딩되고 활성화하는 동안 여러 이벤트를 발생하는데, 이를 Browsing context inpector를 이용하여 감지할 수 있습니다.

Sample :
https://gitlab.com/testautomation_lectures/testautomation_jdk22/-/blob/1.0.0/src/test/java/webdriver_BiDi/BrowsingContextInspectorTest.java

아래는 새로운 Event를 임의로 생성하고 수신합니다.

```
@Test
void canListenToWindowBrowsingContextCreatedEvent()
        throws ExecutionException, InterruptedException, TimeoutException {
    try (BrowsingContextInspector inspector = new BrowsingContextInspector(driver))
{
        CompletableFuture<browsingcontextinfo> future = new CompletableFuture<>();

        inspector.onBrowsingContextCreated(future::complete);

        String windowHandle = driver.switchTo().newWindow(WindowType.WINDOW).getWindowHandle();

        BrowsingContextInfo browsingContextInfo = future.get(5, TimeUnit.SECONDS);

        Assert.assertEquals(windowHandle, browsingContextInfo.getId());
    }
}
```

웹페이지의 모든 element가 활성화되었음을 알이는 DomContentLoaded 이벤트를 수신합니다.

```
@Test
void canListenToDomContentLoadedEvent() throws ExecutionException, InterruptedException, TimeoutException {
    try (BrowsingContextInspector inspector = new BrowsingContextInspector(driver)) {
        CompletableFuture<navigationinfo> future = new CompletableFuture<>();
        inspector.onDomContentLoaded(future::complete);

        BrowsingContext context = new BrowsingContext(driver, driver.getWindowHandle());
        context.navigate("https://www.selenium.dev/selenium/web/bidi/logEntryAdded.html", ReadinessState.COMPLETE);

        NavigationInfo navigationInfo = future.get(5, TimeUnit.SECONDS);

        Assert.assertTrue(navigationInfo.getUrl().contains("bidi/logEntryAdded"));
    }
}
```

Browser가 모든 내역을 로딩했음을 알리는 ContextLoaded 이벤트를 수신합니다.

```java
@Test
void canListenToBrowsingContextLoadedEvent() throws ExecutionException, InterruptedException, TimeoutException {
    try (BrowsingContextInspector inspector = new BrowsingContextInspector(driver)) {
        CompletableFuture<navigationinfo> future = new CompletableFuture<>();
        inspector.onBrowsingContextLoaded(future::complete);

        BrowsingContext context = new BrowsingContext(driver, driver.getWindowHandle());
        context.navigate("https://www.selenium.dev/selenium/web/bidi/logEntryAdded.html", ReadinessState.COMPLETE);

        NavigationInfo navigationInfo = future.get(5, TimeUnit.SECONDS);

        Assert.assertTrue(navigationInfo.getUrl().contains("bidi/logEntryAdded"));
    }
}
```

Browser가 Navigation을 시작했음을 알리는 NavigationStarted 이벤트를 수신합니다.

```java
@Test
void canListenToNavigationStartedEvent() throws ExecutionException, InterruptedException, TimeoutException {
    try (BrowsingContextInspector inspector = new BrowsingContextInspector(driver)) {
        CompletableFuture<navigationinfo> future = new CompletableFuture<>();
        inspector.onNavigationStarted(future::complete);

        BrowsingContext context = new BrowsingContext(driver, driver.getWindowHandle());
        context.navigate("https://www.selenium.dev/selenium/web/bidi/logEntryAdded.html", ReadinessState.COMPLETE);

        NavigationInfo navigationInfo = future.get(5, TimeUnit.SECONDS);

        Assert.assertTrue(navigationInfo.getUrl().contains("bidi/logEntryAdded"));
    }
}
```

Browser가 Navigation을 완료했음을 알리는 Navigated 이벤트를 수신합니다.

```java
@Test
void canListenToFragmentNavigatedEvent() throws ExecutionException, InterruptedException, TimeoutException {
    try (BrowsingContextInspector inspector = new BrowsingContextInspector(driver)) {
        CompletableFuture<navigationinfo> future = new CompletableFuture<>();

        BrowsingContext context = new BrowsingContext(driver, driver.getWindowHandle());
        context.navigate("https://www.selenium.dev/selenium/web/linked_image.html", ReadinessState.COMPLETE);

        inspector.onFragmentNavigated(future::complete);

        context.navigate("https://www.selenium.dev/selenium/web/linked_image.html#linkToAnchorOnThisPage",
                ReadinessState.COMPLETE);

        NavigationInfo navigationInfo = future.get(5, TimeUnit.SECONDS);

        Assert.assertTrue(navigationInfo.getUrl().contains("linkToAnchorOnThisPage"));
    }
}
```

Prompt의 시작을 알리는 PromptOpened 이벤트를 수신합니다.

```java
@Test
void canListenToUserPromptOpenedEvent() throws ExecutionException, InterruptedException, TimeoutException {
    try (BrowsingContextInspector inspector = new BrowsingContextInspector(driver)) {
        CompletableFuture<userpromptopened> future = new CompletableFuture<>();

        BrowsingContext context = new BrowsingContext(driver, driver.getWindowHandle());
        inspector.onUserPromptOpened(future::complete);

        driver.get("https://www.selenium.dev/selenium/web/alerts.html");

        driver.findElement(By.id("alert")).click();

        UserPromptOpened userPromptOpened = future.get(5, TimeUnit.SECONDS);
```

```
        Assert.assertEquals(context.getId(), userPromptOpened.getBrowsingContextId());
    }
}
```

Prompt의 종료를 알리는 PromptClosed 이벤트를 수신합니다.

```
@Test
void canListenToUserPromptClosedEvent() throws ExecutionException, InterruptedException, TimeoutException {
    try (BrowsingContextInspector inspector = new BrowsingContextInspector(driver)) {
        CompletableFuture<userpromptclosed> future = new CompletableFuture<>();

        BrowsingContext context = new BrowsingContext(driver, driver.getWindowHandle());
        inspector.onUserPromptClosed(future::complete);

        driver.get("https://www.selenium.dev/selenium/web/alerts.html");

        driver.findElement(By.id("prompt")).click();

        context.handleUserPrompt(true, "selenium");

        UserPromptClosed userPromptClosed = future.get(5, TimeUnit.SECONDS);
        Assert.assertEquals(context.getId(), userPromptClosed.getBrowsingContextId());
    }
}
```

Browser가 웹페이지를 닫음을 알리는 ContextDestroyed 이벤트를 수신합니다.

```
@Test
void canListenToBrowsingContextDestroyedEvent() throws ExecutionException, InterruptedException, TimeoutException {
    try (BrowsingContextInspector inspector = new BrowsingContextInspector(driver)) {
        CompletableFuture<browsingcontextinfo> future = new CompletableFuture<>();

        inspector.onBrowsingContextDestroyed(future::complete);

        String windowHandle = driver.switchTo().newWindow(WindowType.WINDOW).getWindowHandle();
```

```java

        driver.close();

        BrowsingContextInfo browsingContextInfo = future.get(5, TimeUnit.SECONDS);

        Assert.assertEquals(windowHandle, browsingContextInfo.getId());
        Assert.assertTrue(browsingContextInfo.getUrl().contains("about:blank"));
    }
}</browsingcontextinfo>
```

>> Input

Action을 실행하거나 취소하는 동작을 실행합니다.

Sample :

https://gitlab.com/testautomation_lectures/testautomation_jdk22/-/blob/1.0.0/src/test/java/webdriver_BiDi/ActionsTest.java

사전의 정의한 액션을 실행합니다.

```java
@Test
void canPerformInputActions() {
    driver.get("https://www.selenium.dev/selenium/web/formSelectionPage.html");

    List<webelement> options = driver.findElements(By.tagName("option"));

    Actions actions = new Actions(driver);
    Actions selectThreeOptions = actions.click(options.get(1)).keyDown(Keys.SHIFT).
click(options.get(3))
            .keyUp(Keys.SHIFT);

    input.perform(windowHandle, selectThreeOptions.getSequences());

    WebElement showButton = driver.findElement(By.name("showselected"));
    showButton.click();

    WebElement resultElement = driver.findElement(By.id("result"));
    Assert.assertTrue(resultElement.getText().contains("roquefort parmigiano chedd
ar"));
}
```

이미 실행한 액션을 취소하고 초기화합니다.

```
@Test
void canPerformReleaseAction() {
    driver.get("https://www.selenium.dev/selenium/web/bidi/release_action.html");

    WebElement inputTextBox = driver.findElement(By.id("keys"));

    Actions sendLowercase = new Actions(driver).keyDown(inputTextBox, "a").keyDown(inputTextBox, "b");

    input.perform(windowHandle, sendLowercase.getSequences());
    ((JavascriptExecutor) driver).executeScript("resetEvents()");

    input.release(windowHandle);

    List<map<string, object="">> events = (List<map<string, object="">>) ((JavascriptExecutor) driver)
            .executeScript("return allEvents.events");
    Assert.assertEquals("KeyB", events.get(0).get("code"));
    Assert.assertEquals("KeyA", events.get(1).get("code"));
}
```

›› Log

DevTool의 Logging 관련한 제어를 실행합니다.

Sample :

https://gitlab.com/testautomation_lectures/testautomation_jdk22/-/blob/1.0.0/src/test/java/webdriver_BiDi/LogTest.java

Consol log를 체크하고 내용을 수신합니다.

```
@Test
public void jsErrors() {
    CopyOnWriteArrayList<consolelogentry> logs = new CopyOnWriteArrayList<>();

    try (LogInspector logInspector = new LogInspector(driver)) {
        logInspector.onConsoleEntry(logs::add);
    }

    driver.get("https://www.selenium.dev/selenium/web/bidi/logEntryAdded.html");
    driver.findElement(By.id("consoleLog")).click();
```

```
        
    new WebDriverWait(driver, Duration.ofSeconds(5)).until(_d -> !logs.isEmpty());
    Assert.assertEquals("Hello, world!", logs.get(0).getText());
}
```

Javascript 코드의 에러를 감지하고 수신합니다.

```
@Test
void testListenToJavascriptErrorLog() throws ExecutionException, InterruptedException, TimeoutException {
    try (LogInspector logInspector = new LogInspector(driver)) {
        CompletableFuture<javascriptlogentry> future = new CompletableFuture<>();
        logInspector.onJavaScriptException(future::complete);

        driver.get("https://www.selenium.dev/selenium/web/bidi/logEntryAdded.html");
        driver.findElement(By.id("jsException")).click();

        JavascriptLogEntry logEntry = future.get(5, TimeUnit.SECONDS);

        Assert.assertEquals("Error: Not working", logEntry.getText());
        Assert.assertEquals("javascript", logEntry.getType());
    }
}
```

모든 JavaScript의 log내용을 수신합니다.

```
@Test
void testListenToJavascriptLog() throws ExecutionException, InterruptedException, TimeoutException {
    try (LogInspector logInspector = new LogInspector(driver)) {
        CompletableFuture<javascriptlogentry> future = new CompletableFuture<>();
        logInspector.onJavaScriptLog(future::complete);

        driver.get("https://www.selenium.dev/selenium/web/bidi/logEntryAdded.html");
        driver.findElement(By.id("jsException")).click();

        JavascriptLogEntry logEntry = future.get(5, TimeUnit.SECONDS);

        Assert.assertEquals("Error: Not working", logEntry.getText());
```

```
            Assert.assertEquals("javascript", logEntry.getType());
            Assert.assertEquals(LogLevel.ERROR, logEntry.getLevel());
        }
}
```

>> Network

API등 network traffic을 간섭하거나 감시합니다.

Sample :
https://gitlab.com/testautomation_lectures/testautomation_jdk22/-/blob/1.0.0/src/test/java/webdriver_BiDi/NetworkCommandsTest.java

Network interceptor를 통해 traffic을 감시할 수 있습니다.

```
void canAddIntercept() {
    try (Network network = new Network(driver)) {
        String intercept = network.addIntercept(new AddInterceptParameters(InterceptPhase.BEFORE_REQUEST_SENT));
        Assert.assertNotNull(intercept);
    }
}
```

Network interceptor제거합니다.

```
void canRemoveIntercept() {
    try (Network network = new Network(driver)) {
        String intercept = network.addIntercept(new AddInterceptParameters(InterceptPhase.BEFORE_REQUEST_SENT));
        Assert.assertNotNull(intercept);
        network.removeIntercept(intercept);
    }
}
```

Network traffic에서 사용자의 ID와 암호를 요구할때 자동으로 제공합니다.

```
void canContinueWithAuthCredentials() {
    try (Network network = new Network(driver)) {
        network.addIntercept(new AddInterceptParameters(InterceptPhase.AUTH_REQUI
```

```
RED));
        network.onAuthRequired(responseDetails -> network.continueWithAuth(
                responseDetails.getRequest().getRequestId(), new UsernameAndPasswo
rd("admin", "admin")));
        driver.get("https://the-internet.herokuapp.com/basic_auth");
        String successMessage = "Congratulations! You must have the proper credentials.";
        WebElement elementMessage = driver.findElement(By.tagName("p"));
        Assert.assertEquals(successMessage, elementMessage.getText());
    }
}
```

Network traffic에서 사용자의 ID와 암호입력 없이 진행합니다.

```
void canContinueWithoutAuthCredentials() {
    try (Network network = new Network(driver)) {
        network.addIntercept(new AddInterceptParameters(InterceptPhase.AUTH_REQUI
RED));
        network.onAuthRequired(responseDetails ->
        // Does not handle the alert
        network.continueWithAuthNoCredentials(responseDetails.getRequest().getReq
uestId()));
        driver.get("https://the-internet.herokuapp.com/basic_auth");
        Alert alert = wait.until(ExpectedConditions.alertIsPresent());
        alert.dismiss();
        Assert.assertTrue(driver.getPageSource().contains("Not authorized"));
    }
}
```

Network traffic에서 사용자의 ID와 암호입력 요구시 Request를 cancel합니다.

```
void canCancelAuth() {
    try (Network network = new Network(driver)) {
        network.addIntercept(new AddInterceptParameters(InterceptPhase.AUTH_REQUI
RED));
        network.onAuthRequired(responseDetails ->
        // Does not handle the alert
        network.cancelAuth(responseDetails.getRequest().getRequestId()));
        driver.get("https://the-internet.herokuapp.com/basic_auth");
        Assert.assertTrue(driver.getPageSource().contains("Not authorized"));
    }
}
```

Network traffic에서 Request를 fail합니다.

```
void canFailRequest() {
    try (Network network = new Network(driver)) {
        network.addIntercept(new AddInterceptParameters(InterceptPhase.BEFORE_REQUEST_SENT));
        network.onBeforeRequestSent(
                responseDetails -> network.failRequest(responseDetails.getRequest().getRequestId()));
        driver.manage().timeouts().pageLoadTimeout(Duration.of(5, ChronoUnit.SECONDS));
        Assert.assertThrows(TimeoutException.class,
                () -> driver.get("https://the-internet.herokuapp.com/basic_auth"));
    }
}
```

BeforeRequestSent 이벤트를 수신합니다.

```
void canListenToBeforeRequestSentEvent() throws ExecutionException, InterruptedException, TimeoutException {
    try (Network network = new Network(driver)) {
        CompletableFuture<beforerequestsent> future = new CompletableFuture<>();
        network.onBeforeRequestSent(future::complete);
        driver.get("https://www.selenium.dev/selenium/web/bidi/logEntryAdded.html");

        BeforeRequestSent requestSent = future.get(5, TimeUnit.SECONDS);
        String windowHandle = driver.getWindowHandle();
        Assert.assertEquals(windowHandle, requestSent.getBrowsingContextId());
        Assert.assertEquals("get", requestSent.getRequest().getMethod().toLowerCase());
    }
}
```

ResponseStarted 이벤트를 수신합니다.

```
void canListenToResponseStartedEvent() throws ExecutionException, InterruptedException, TimeoutException {
    try (Network network = new Network(driver)) {
        CompletableFuture<responsedetails> future = new CompletableFuture<>();
        network.onResponseStarted(future::complete);
```

```
        driver.get("https://www.selenium.dev/selenium/web/bidi/logEntryAdded.html");

        ResponseDetails response = future.get(5, TimeUnit.SECONDS);
        String windowHandle = driver.getWindowHandle();

        Assert.assertEquals(windowHandle, response.getBrowsingContextId());
        Assert.assertEquals("get",  response.getRequest().getMethod().toLowerCase());
        Assert.assertEquals(200L, response.getResponseData().getStatus());
    }
}
```

ResponseCompleted 이벤트를 수신합니다.

```
void canListenToResponseCompletedEvent() throws ExecutionException, InterruptedException, TimeoutException {
    try (Network network = new Network(driver)) {
        CompletableFuture<responsedetails> future = new CompletableFuture<>();
        network.onResponseCompleted(future::complete);
        driver.get("https://www.selenium.dev/selenium/web/bidi/logEntryAdded.html");

        ResponseDetails response = future.get(5, TimeUnit.SECONDS);
        String windowHandle = driver.getWindowHandle();

        Assert.assertEquals(windowHandle, response.getBrowsingContextId());
        Assert.assertEquals("get",  response.getRequest().getMethod().toLowerCase());
        Assert.assertEquals(200L, response.getResponseData().getStatus());
    }
}
```

사용자 확인을 요구하는 AuthRequired 이벤트를 수신합니다.

```
void canListenToOnAuthRequiredEvent() throws ExecutionException, InterruptedException, TimeoutException {
    try (Network network = new Network(driver)) {
        CompletableFuture<responsedetails> future = new CompletableFuture<>();
        network.onAuthRequired(future::complete);
        driver.get("https://the-internet.herokuapp.com/basic_auth");

        ResponseDetails response = future.get(5, TimeUnit.SECONDS);
```

```
        String windowHandle = driver.getWindowHandle();
        Assert.assertEquals(windowHandle, response.getBrowsingContextId());
        Assert.assertEquals("get",  response.getRequest().getMethod().toLowerCase());
        Assert.assertEquals(401L, response.getResponseData().getStatus());
    }
}
```

>> Script

Browsing Context내의 Javascript을 제어합니다.

Sample :
https://gitlab.com/testautomation_lectures/testautomation_jdk22/-/blob/1.0.0/src/test/java/webdriver_BiDi/ScriptTest.java

https://gitlab.com/testautomation_lectures/testautomation_jdk22/-/blob/1.0.0/src/test/java/webdriver_BiDi/ScriptEventsTest.java?

Browsing Context내의 Javascript의 Function을 호출하여 실행합니다. 웹페이지에서 코딩한 Script을 Parameter를 할당하여 테스트할 수 있습니다.

```
void canCallFunction() {
    String id = driver.getWindowHandle();
    try (Script script = new Script(id, driver)) {
        List<localvalue> arguments = new ArrayList<>();
        arguments.add(PrimitiveProtocolValue.numberValue(22));

        Map<object, localvalue=""> value = new HashMap<>();
        value.put("some_property", LocalValue.numberValue(42));
        LocalValue thisParameter = LocalValue.objectValue(value);

        arguments.add(thisParameter);

        EvaluateResult result = script.callFunctionInBrowsingContext(id,
                "function processWithPromise(argument) {\n" + "  return new Promise((resolve, reject) => {\n"
                        + "    setTimeout(() => {\n" + " resolve(argument + this.some_property);\n"
                        + "    }, 1000)\n" + "  })\n" + "}",
                true, Optional.of(arguments), Optional.of(thisParameter), Optional.of(ResultOwnership.ROOT));

```

```
        EvaluateResultSuccess successResult = (EvaluateResultSuccess) result;
        Assert.assertEquals(64L, (Long) successResult.getResult().getValue().get());
    }
}
```

Javascript를 SandBox mode에서 실행합니다. Node 모듈의 일부이며 테스트 코드를 위한 Sandbox 모듈과 비슷한 테스트환경을 제공합니다.

```
void canCallFunctionInASandBox() {
    String id = driver.getWindowHandle();
    try (Script script = new Script(id, driver)) {
        EvaluateResult result = script.callFunctionInBrowsingContext(id, "sandbox", "() => window.foo", true,
                Optional.empty(), Optional.empty(), Optional.empty());

        Assert.assertEquals(EvaluateResult.Type.SUCCESS, result.getResultType());
    }
}
```

또 다른 독립된 테스트환경인 Realm에서 Javascript을 실행할 수 있습니다.

```
void canCallFunctionInARealm() {
    String tab = driver.getWindowHandle();
    try (Script script = new Script(tab, driver)) {
        List<realminfo> realms = script.getAllRealms();
        String realmId = realms.get(0).getRealmId();

        EvaluateResult result = script.callFunctionInRealm(realmId, "() => { window.foo = 3; }", true,
                Optional.empty(), Optional.empty(), Optional.empty());

        Assert.assertEquals(EvaluateResult.Type.SUCCESS, result.getResultType());
    }
}
```

웹페이지내의 javascript를 실행하고 결과 값을 평가합니다.

```
void canEvaluateScript() {
```

```
    String id = driver.getWindowHandle();

    try (Script script = new Script(id, driver)) {
        EvaluateResult result = script.evaluateFunctionInBrowsingContext(id, "1 + 2", true, Optional.empty());

        EvaluateResultSuccess successResult = (EvaluateResultSuccess) result;
        Assert.assertEquals(EvaluateResult.Type.SUCCESS, result.getResultType());
        Assert.assertEquals(3L, (Long) successResult.getResult().getValue().get());
    }
}
```

Sandbox내의 javascript을 실행하고 결과 값을 평가합니다.

```
void canEvaluateInASandBox() {
    String id = driver.getWindowHandle();
    try (Script script = new Script(id, driver)) {
        EvaluateResult result = script.evaluateFunctionInBrowsingContext(id, "sandbox", "window.foo", true,
                Optional.empty());

        Assert.assertEquals(EvaluateResult.Type.SUCCESS, result.getResultType());
    }
}
```

realm내의 javascript을 실행하고 결과 값을 평가합니다.

```
void canEvaluateInARealm() {
    String tab = driver.getWindowHandle();
    try (Script script = new Script(tab, driver)) {
        List<realminfo> realms = script.getAllRealms();
        String realmId = realms.get(0).getRealmId();

        EvaluateResult result = script.evaluateFunctionInRealm(realmId, "window.foo", true, Optional.empty());

        Assert.assertEquals(EvaluateResult.Type.SUCCESS, result.getResultType());
    }
}
```

Browsing context에서 script을 해지할 수 있습니다.

```
void canDisownHandle() {
    String window = driver.getWindowHandle();
    try (Script script = new Script(window, driver)) {
        BrowsingContext context = new BrowsingContext(driver, window);

        context.navigate("https://www.selenium.dev/selenium/web/dynamic.html", ReadinessState.COMPLETE);

        driver.findElement(By.id("adder")).click();

        getLocatedElement(driver, By.id("box0"));

        EvaluateResult result = script.evaluateFunctionInBrowsingContext(window,
                "document.querySelector('.redbox');", false, Optional.of(ResultOwnership.ROOT));
        String boxId = ((EvaluateResultSuccess) result).getResult().getHandle().get();

        script.disownBrowsingContextScript(window, List.of(boxId));

        LocalValue value = LocalValue.remoteReference(RemoteReference.Type.HANDLE, boxId);

        // Since the handle is now eligible for garbage collections, it is no longer
        // available to be used.
        Assert.assertThrows(WebDriverException.class, () -> script.callFunctionInBrowsingContext(window,
                "arg => arg.a", false, Optional.of(List.of(value)), Optional.empty(), Optional.empty()));
    }
}
```

realm에서 script을 해지할 수 있습니다.

```
void canDisownHandleInARealm() {
    String window = driver.getWindowHandle();
    try (Script script = new Script(window, driver)) {
        BrowsingContext context = new BrowsingContext(driver, window);

        context.navigate("https://www.selenium.dev/selenium/web/dynamic.html", ReadinessState.COMPLETE);

```

```
        driver.findElement(By.id("adder")).click();

        getLocatedElement(driver, By.id("box0"));

        List<realminfo> realms = script.getAllRealms();
        String realmId = realms.get(0).getRealmId();

        // Retrieve the handle for the element added to DOM
        EvaluateResult result = script.evaluateFunctionInBrowsingContext(window,
                "document.querySelector('.redbox');", false, Optional.of(ResultOwn
ership.ROOT));
        String boxId = ((EvaluateResultSuccess) result).getResult().getHandle().get();

        LocalValue value = LocalValue.remoteReference(RemoteReference.Type.HANDLE,
boxId);

        EvaluateResult checkHandle = script.callFunctionInBrowsingContext(window, "
arg => arg.a", false,
                Optional.of(List.of(value)), Optional.empty(), Optional.empty());

        // The handle is present in memory, else it would result in exception
        Assert.assertEquals(EvaluateResult.Type.SUCCESS, checkHandle.getResultType
());

        // Useful to memory management in a dynamic webpage where DOM mutations happen
        // often
        script.disownRealmScript(realmId, List.of(boxId));

        // Since the handle is now eligible for garbage collections, it is no longer
        // available to be used.
        Assert.assertThrows(WebDriverException.class, () -> script.callFunctionInBr
owsingContext(window,
                "arg => arg.a", false, Optional.of(List.of(value)), Optional.empty
(), Optional.empty()));
    }
}
```

Javascript의 실행환경인 relam을 모두 받습니다. 열려진 window의 수를 구하는 것과 같은 결과입니다.

```
void canGetAllRealms() {
    String firstWindow = driver.getWindowHandle();
```

```
    String secondWindow = driver.switchTo().newWindow(WindowType.WINDOW).getWindowH
andle();
    try (Script script = new Script(firstWindow, driver)) {
        List<realminfo> realms = script.getAllRealms();
        Assert.assertEquals(2, realms.size());
    }
}
```

지정한 Type을 가진 realm을 받습니다.

```
void canGetRealmByType() {
    String firstWindow = driver.getWindowHandle();
    String secondWindow = driver.switchTo().newWindow(WindowType.WINDOW).getWindowH
andle();
    try (Script script = new Script(firstWindow, driver)) {
        List<realminfo> realms = script.getRealmsByType(RealmType.WINDOW);
        Assert.assertEquals(2, realms.size());
    }
}
```

Browsing context내의 모든 scripts을 받습니다.

```
void canGetRealmInBrowsingContext() {
    String windowId = driver.getWindowHandle();
    String tabId = driver.switchTo().newWindow(WindowType.TAB).getWindowHandle();
    try (Script script = new Script(windowId, driver)) {
        List<realminfo> realms = script.getRealmsInBrowsingContext(tabId);
        Assert.assertEquals(1, realms.size());
    }
}
```

Browsing context내에 있는 지정한 Type을 가진 모든 script을 받습니다.

```
void canGetRealmInBrowsingContextByType() {
    String windowId = driver.getWindowHandle();
    String tabId = driver.switchTo().newWindow(WindowType.TAB).getWindowHandle();
    try (Script script = new Script(windowId, driver)) {
        List<realminfo> windowRealms = script.getRealmsInBrowsingContextByType(wind
owId, RealmType.WINDOW);
        Assert.assertEquals(1, windowRealms.size());
```

```
    }
}
```

Script을 Preload합니다.

```
void canAddPreloadScript() throws ExecutionException, InterruptedException, TimeoutException {
    try (Script script = new Script(driver)) {
        String id = script.addPreloadScript("() => {{ console.log('{preload_script_console_text}') }}");

        Assert.assertNotNull(id);

        try (LogInspector logInspector = new LogInspector(driver)) {
            CompletableFuture<consolelogentry> future = new CompletableFuture<>();
            logInspector.onConsoleEntry(future::complete);

            driver.get("https://www.selenium.dev/selenium/blankPage");

            ConsoleLogEntry logEntry = future.get(5, TimeUnit.SECONDS);

            Assert.assertEquals("{preload_script_console_text}", logEntry.getText());
        }
    }
}
```

Preload된 script을 취소합니다.

```
void canRemovePreloadScript() throws ExecutionException, InterruptedException, TimeoutException {
    try (Script script = new Script(driver)) {
        String id = script.addPreloadScript("() => {{ console.log('{preload_script_console_text}') }}");

        Assert.assertNotNull(id);

        try (LogInspector logInspector = new LogInspector(driver)) {
            CompletableFuture<consolelogentry> future = new CompletableFuture<>();
            logInspector.onConsoleEntry(future::complete);

            script.removePreloadScript(id);
```

```
            
            driver.get("https://www.selenium.dev/selenium/blankPage");
            
            Assert.assertThrows(TimeoutException.class, () -> future.get(5, TimeUnit.SECONDS));
        }
    }
}
```

Script실행 모드인 realmCreated 이벤트를 수신합니다.

```
void canListenToRealmCreatedEvent()
        throws ExecutionException, InterruptedException, TimeoutException {
    try (Script script = new Script(driver)) {
        CompletableFuture<realminfo> future = new CompletableFuture<>();
        script.onRealmCreated(future::complete);

        BrowsingContext context = new BrowsingContext(driver, driver.getWindowHandle());

        context.navigate("https://www.selenium.dev/selenium/blankPage");
        RealmInfo realmInfo = future.get(5, TimeUnit.SECONDS);
        Assert.assertNotNull(realmInfo.getRealmId());
        Assert.assertEquals(RealmType.WINDOW, realmInfo.getRealmType());
    }
}
```

Realm이 종료되는 realmDestroyed 이벤트를 수신합니다.

```
void canListenToRealmDestroyedEvent()
        throws ExecutionException, InterruptedException, TimeoutException {
    try (Script script = new Script(driver)) {
        CompletableFuture<realminfo> future = new CompletableFuture<>();
        script.onRealmDestroyed(future::complete);

        BrowsingContext context = new BrowsingContext(driver, driver.getWindowHandle());

        context.close();
        RealmInfo realmInfo = future.get(5, TimeUnit.SECONDS);
        Assert.assertNotNull(realmInfo.getRealmId());
```

```
            Assert.assertEquals(RealmType.WINDOW, realmInfo.getRealmType());
        }
    }
```

기타 기능들

Expected Conditions

Expected Conditions는 Explicit wait에서 쓰이는 조건절로써 아래와 같은 종류의 조건절을 설정할 수 있습니다.

- element 존재하는 가?
- element 가 활성화되어 있는가?
- Element가 보이는 가?
- Text가 보이는 가?
- Title이 기대하는 문자값을 포함하고 있는 가?

아래예는 시스템이 Alert가 존재할 때까지 기다립니다.

```
Alert alert = wait.until(ExpectedConditions.alertIsPresent());
```

상세한 조건절은 https://www.selenium.dev/selenium/docs/api/java/org/openqa/selenium/support/ui/ExpectedConditions.html 을 참조하세요.

Sample :
https://gitlab.com/testautomation_lectures/testautomation_jdk22/-/blob/1.0.0/src/test/java/support/ExpectedConditionsTest.java

Listeners

WebDriver에서 발생하는 이벤트는 Listener를 통해 감지할 수 있어 Report하거나 다른 action을 설정할 때 사용합니다.

설정 가능한 이벤트들을 발생순서와 우선순위 별로 나열하면 아래와 같습니다.

Event	설명
beforeAnyCall	모든 call이 호출되면 실행전에 통보합니다.
beforeAnyWebDriverCall	모든 WebDriver call이 호출되면 실행전에 통보합니다.
beforeGet	해당 사이트로 이동하기 전에 통보합니다.
	Call method()
afterGetText	GetText등 Text를 읽은 후에 통보합니다.
afterGet	해당 사이트로 이동한 후에 통보합니다.
afterAnyWebDriverCall	모든 WebDriver call이 호출되면 실행후에 통보합니다.
afterAnyCall	모든 call이 호출되면 실행후에 통보합니다.

보다 상세한 Event들을 보려면 WebDriverListener class를 참조하기 바랍니다.

아래 예는 Listener를 설정하고 사용하는 것을 보여줍니다.

먼저, WebDriverListener를 이용하여 이벤트가 호출되면 인쇄하는 Listener를 설정합니다.

```
public class MyListener implements WebDriverListener  {

    @Override
    public void beforeGet(WebDriver driver, String url) {
        System.out.println("About to open a page "+ url);
    }
    @Override
    public void afterGetText(WebElement element, String result) {
        System.out.println("Element "+element+" has text '"+result+"'");
    }

    @Override
    public void beforeAnyWebElementCall(WebElement element, Method method, Object[] args) {
       System.out.println("About to call a method "+method+" in element "+element+" with parameters "+ args);
    }
    @Override
    public void afterAnyWebElementCall(WebElement element, Method method, Object[] args, Object result) {
```

```
        System.out.println("Method "+method+" called in element "+element+" with para
meters "+args+" returned "+ result);
    }
}
```

이를 이용하여 테스트코드를 실행합니다. Listener는 back-end로 실행되는 것으로 실행속도에 영향을 주지 않습니다.

```
public class ListenersTest {

    public static final String USERNAME = "prakharkulshresh2";
    public static final String AUTOMATE_KEY = "dphXto2bxDtgA3DsVRVy";
    public static final String URL = "https://" + USERNAME + ":" + AUTOMATE_KEY + "@hub-
cloud.browserstack.com/wd/hub";

    @Test
    public void myListenertest() {
        WebDriver original = new ChromeDriver();
        MyListener listener = new MyListener();
        WebDriver decorated = new EventFiringDecorator(listener).decorate(original);
        decorated.get("http://www.google.com");
        WebElement element = decorated.findElement(By.name("q"));
        element.sendKeys("BrowserStack");
        element.submit();
        System.out.println(decorated.getTitle());
        decorated.quit();
    }
}
```

해당 이벤트가 호출되었음을 화면인쇄된 message로 확인됩니다.

```
About to open a page http://www.google.com
About to call a method public abstract void org.openqa.selenium.WebElement.sendKeys(java.lang.CharSequence[]) in element
 [[ChromeDriver: chrome on windows (e6e9bc2f6cef523683b248227724ab00)] -> name: q] with parameters [Ljava.lang.Object;@2
873d672
Method public abstract void org.openqa.selenium.WebElement.sendKeys(java.lang.CharSequence[]) called in element [[Chrome
Driver: chrome on windows (e6e9bc2f6cef523683b248227724ab00)] -> name: q] with parameters [Ljava.lang.Object;@2873d672 r
eturned null
About to call a method public abstract void org.openqa.selenium.WebElement.submit() in element [[ChromeDriver: chrome on
 windows (e6e9bc2f6cef523683b248227724ab00)] -> name: q] with parameters null
Method public abstract void org.openqa.selenium.WebElement.submit() called in element [[ChromeDriver: chrome on windows
(e6e9bc2f6cef523683b248227724ab00)] -> name: q] with parameters null returned null
BrowserStack - Google 冤?뎷
```

Sample :

https://gitlab.com/testautomation_lectures/testautomation_jdk22/-/blob/1.0.0/src/test/java/support/ListenersTest.java

Colors

Color 의 정의는 테스트코드에서 처리하는 것이 바람직하나, 테스트코드에서 일관성있게 지정하기 어려운 경우가 있다면, Selenium에서 지원하는 Color 기능을 이용하는 것도 좋은 방법입니다.

지원되는 Color의 형식은 W3C규정(https://www.w3.org/TR/css-color-3/#html4)을 준수하며, 다양한 색상을 지원하기 위해 RGBA형식도 지원합니다.

아래 예에서는 CSS test로써 화면에서 특정 element 의 글자색상을 가져와서 비교합니다.

```
public void ReadColor() {
  ChromeOptions chromeOptions = new ChromeOptions();
  chromeOptions.setPageLoadStrategy(PageLoadStrategy.NORMAL);
  WebDriver driver = new ChromeDriver(chromeOptions);
  try {
    // Navigate to Url
    driver.get("https://selenium.dev");
    Color bannerColor = Color.fromString(driver.findElement(By.xpath("/html/body/div/main/section[1]")).getCssValue("color"));
    Assert.assertTrue(bannerColor.equals(RGBA_WHITE));
  } finally {
    driver.quit();
  }
}
```

https://gitlab.com/testautomation_lectures/testautomation_jdk22/-/blob/1.0.0/src/test/java/support/ColorsTest.java

Select Lists

WebControl중 List에서 1개 또는 복수개의 아이템을 선택하는 경우가 있습니다. 이를 편리하게 제어하기 위해 Selenium은 검색된 Element를 Select객체로 치환하여 사용할 수 있습니다.

아래 HTML은 복수개의 option을 선택할 수 있는 Multiple Select의 예입니다.

```
<select name="multi" id="multi" multiple="multiple">
    <option selected="selected" value="eggs">Eggs</option>
    <option value="ham">Ham</option>
    <option selected="selected" value="sausages">Sausages</option>
    <option value="onion gravy">Onion gravy</option>
</select>
```

Sample :

https://gitlab.com/testautomation_lectures/testautomation_jdk22/-/blob/1.0.0/src/test/java/support/SelectListTest.java

>> Select생성

WebElement에서 Select object를 생성합니다.

```
WebElement selectElement = driver.findElement(By.name("selectomatic"));
Select select = new Select(selectElement);
```

>> List All Options

Select 내의 모든 option을 읽습니다.

```
List<WebElement> optionList = select.getOptions();
```

>> List Selected Options

Select 내의 select된 option들을 읽습니다.

```
List<WebElement> selectedOptionList = select.getAllSelectedOptions();
```

>> Select Option

Select 내의 option을 선택합니다.

```
select.deselectByValue("two");
```

ThreadGuard

ThreadGuard는 Java에서만 지원되는 기능으로써 병렬실행시 다중 thread가 발생할 때 상호간섭이 일어나는 것을 방지해 줍니다. 아래 예제는 일부러 한 Thread가 다른 Thread를 이용하여 간섭을 생성했을 때 ThreadGuard가 어떻게 반응하는 지를 보여줍니다.

```java
public class ThreadGuardTest {

    // thread main (id 1) created this driver
    private WebDriver protectedDriver = ThreadGuard.protect(new ChromeDriver());

    // Thread-1 (id 24) is calling the same driver causing the clash to happen
    Runnable r1 = () -> {
        protectedDriver.get("https://selenium.dev");
    };
    Thread thr1 = new Thread(r1);

    void runThreads() {
        thr1.start();
    }

    @Test
    public void driverClash() {
        new ThreadGuardTest().runThreads();
    }
}
```

https://gitlab.com/testautomation_lectures/testautomation_jdk22/-/blob/1.0.0/src/test/java/support/ThreadGuardTest.java

에러 메시지에서 Thread id58이 thread id1을 access하려 하였다고 표시합니다.

```
Exception in thread "Thread-7" org.openqa.selenium.WebDriverException: Thread safety error; this instance of WebDriver w
as constructed on thread main (id 1) and is being accessed by thread Thread-7 (id 58)This is not permitted and *will* ca
use undefined behaviour
```

Logging

에러 디버깅을 위해 Logger를 이용하여 드라이버의 에러를 표시할 수 있습니다.

여기에서 소개하는 Logger는 java logger이며, Selenium전용이 아니므로 제한적인 에러 메시지를 표시합니다. Selenium전용 logger는 현재 추진중이며 상세내역은 https://github.com/titusfortner/selenium-logger#selenium-logger를 참조합니다.

아래 예에서는 Logger level을 다르게 조정합니다.

```
  public void logging() throws IOException {
    Logger logger = Logger.getLogger("");
    logger.setLevel(Level.FINE);
    Arrays.stream(logger.getHandlers()).forEach(handler -> {
        handler.setLevel(Level.FINE);
    });

    Handler handler = new FileHandler("selenium.xml");
    logger.addHandler(handler);

    Logger.getLogger(RemoteWebDriver.class.getName()).setLevel(Level.FINEST);
    Logger.getLogger(SeleniumManager.class.getName()).setLevel(Level.SEVERE);

    Logger localLogger = Logger.getLogger(this.getClass().getName());
    localLogger.warning("this is a warning");
    localLogger.info("this is useful information");
    localLogger.fine("this is detailed debug information");

    byte[] bytes = Files.readAllBytes(Paths.get("selenium.xml"));
    String fileContent = new String(bytes);

    Assert.assertTrue(fileContent.contains("this is a warning"));
    Assert.assertTrue(fileContent.contains("this is useful information"));
    Assert.assertTrue(fileContent.contains("this is detailed debug information"));
}
```

https://gitlab.com/testautomation_lectures/testautomation_jdk22/-/blob/1.0.0/src/test/java/support/LoggingTest.java

Selenium Manager

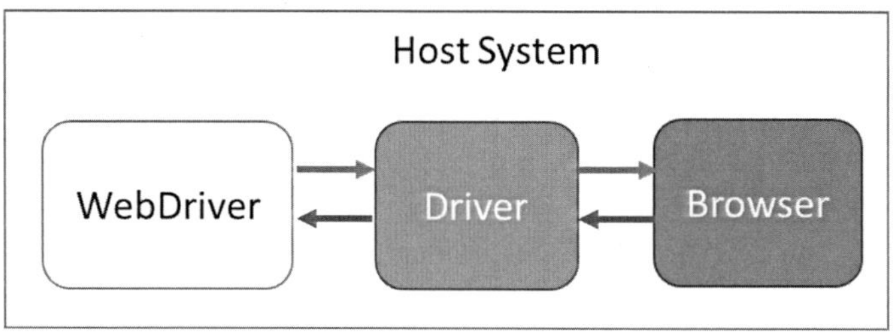

Selenium은 그림에서 보는 바와 같이 Driver를 통해 Browser를 통신합니다. 이를 위해 사용자는

각각의 browser에 맞는 driver를 개별적으로 설치해야 하는데, Selenium Manager는 Rust로 작성되어 있으며, Browser용 Driver를 자동으로 다운로드하고 설치합니다. WebDriver에 내장되어 있어 즉시 실행 가능합니다.

주의사항

Selenium Manager는 아래와 같은 주의사항이 있으므로 사용시 참조바랍니다.

- 특정한 Browser버전을 지정하여 다운로드할 수 있는데, v113이후부터 가능합니다. 그 이전버전은 기존의 로컬드라이버를 이용해야 합니다.
- 보안규정이 적용된 환경에서 실행할 경우, 자동 다운로드 기능은 통제될 수 있으므로, 사전에 환경을 확인한 후 사용하는 것이 좋습니다.
- Edge driver는 Installer가 타 Browser와 달라서 admin 권한이 있는 사용자만 사용 가능합니다.

데이터 수집

기본적으로 사용시 아래의 정보에 대해 수집합니다.

Data	수집목적
Selenium version	Selenium version의 upgrade를 위해 수집합니다.
Language binding	프로그래밍 언어 동향 파악
OS and Architecture you executed	버그 리포트 수집에 필요합니다.
Browser version	버그 리포트 수집에 필요합니다.
Geolocation	Documentation 언어선택을 위해 필요합니다.

데이터 수집은 기본 설정이므로 거부하려면 아래와 같이 환경변수를 설정해야 합니다.

SE_AVOID_STATS : true

Configuration

Selenium Manager는 이래의 3가지 방식으로 Configuration을 설정할 수 있습니다.

구성방식	설명
CLI argument	Maven paramter처럼 command line에 추가합니다.
Configuration file	~/.cache/selenium/se-config.toml에 구성값을 저장합니다.
환경변수	환경변수를 정의하여 사용합니다.

설정가능한 값은 아래와 같습니다.

CLI argument	Configuration file	환경변수	설명
--browser BROWSER	browser = "BROWSER"	SE_BROWSER=BROWSER	Browser name: chrome, firefox, edge, iexplorer, safari, safaritp, or webview2
--driver <DRIVER>	driver = "DRIVER"	SE_DRIVER=DRIVER	Driver name: chromedriver, geckodriver, msedgedriver, IEDriverServer, or safaridriver
--browser-version <BROWSER_VERSION>	browser-version = "BROWSER_VERSION"	SE_BROWSER_VERSION=BROWSER_VERSION	Major browser version (e.g., 105, 106, etc. Also: beta, dev, canary -or nightly-, and esr -in Firefox- are accepted)
--driver-version <DRIVER_VERSION>	driver-version = "DRIVER_VERSION"	SE_DRIVER_VERSION=DRIVER_VERSION	Driver version (e.g., 106.0.5249.61, 0.31.0, etc.)
--browser-path <BROWSER_PATH>	browser-path = "BROWSER_PATH"	SE_BROWSER_PATH=BROWSER_PATH	Browser path (absolute) for browser version detection (e.g., /usr/bin/google-chrome, /Applications/Google Chrome.app/Contents/MacOS/Google Chrome, C:\Program Files\Google\Chrome\Application\chrome.exe)
--driver-mirror-url <DRIVER_MIRROR_URL>	driver-mirror-url = "DRIVER_MIRROR_URL"	SE_DRIVER_MIRROR_URL=DRIVER_MIRROR_URL	Mirror URL for driver repositories
--browser-mirror-url <BROWSER_MIRROR_URL>	browser-mirror-url = "BROWSER_MIRROR_URL"	SE_BROWSER_MIRROR_URL=BROWSER_MIRROR_URL	Mirror URL for browser repositories
--output <OUTPUT>	output = "OUTPUT"	SE_OUTPUT=OUTPUT	Output type: LOGGER (using INFO, WARN, etc.), JSON (custom JSON notation), or SHELL (Unix-like). Default: LOGGER

CLI argument	Configuration file	환경변수	설명
--os <OS>	os = "OS"	SE_OS=OS	Operating system for drivers and browsers (i.e., windows, linux, or macos)
--arch <ARCH>	arch = "ARCH"	SE_ARCH=ARCH	System architecture for drivers and browsers (i.e., x32, x64, or arm64)
--proxy <PROXY>	proxy = "PROXY"	SE_PROXY=PROXY	HTTP proxy for network connection (e.g., myproxy:port, myuser:mypass@myproxy:port)
--timeout <TIMEOUT>	timeout = TIMEOUT	SE_TIMEOUT=TIMEOUT	Timeout for network requests (in seconds). Default: 300
--offline	offline = true	SE_OFFLINE=true	네크워크를 disable합니다,
--force-browser-download	force-browser-download = true	SE_FORCE_BROWSER_DOWNLOAD=true	무조건 browser를 Download합니다.
--avoid-browser-download	avoid-browser-download = true	SE_AVOID_BROWSER_DOWNLOAD=true	Browser download를 disable 합니다.
--debug	debug = true	SE_DEBUG=true	Display DEBUG messages
--trace	trace = true	SE_TRACE=true	Display TRACE messages
--cache-path <CACHE_PATH>	cache-path="CACHE_PATH"	SE_CACHE_PATH=CACHE_PATH	Driver나 Browser의 임시저장장소(Default: ~/.cache/selenium
--ttl <TTL>	ttl = TTL	SE_TTL=TTL	Time-to-live in seconds. See next section for details. Default: 3600 (1 hour)
--language-binding <LANGUAGE>	language-binding = "LANGUAGE"	SE_LANGUAGE_BINDING=LANGUAGE	Language that invokes Selenium Manager (e.g., Java, JavaScript, Python, DotNet, Ruby)
--avoid-stats	avoid-stats = true	SE_AVOID_STATS=true	Avoid sends usage statistics to plausible.io. Default: false

Caching

모든 드라이버나 Browser는 임시저장소(~/.cache/selenium)에 저장되며, 한번 Download된 것은 다시 Download하지 않습니다.

캐시를 지우려면 아래의 command 를 실행합니다.

CLI argument	환경변수	설명
--clear-cache	SE_CLEAR_CACHE=true	Cache folder의 내용을 삭제합니다.
--clear-metadata	SE_CLEAR_METADATA=true	metadata화일을 삭제합니다.

Selenium Grid와의 연동

Selenium Grid와 아래와 같이 연동되어 driver와 Browser를 download할 수 있습니다.

```
$ ./selenium-manager –grid\
```

Selenium Grid

Selenium Grid는 사용자가 테스트케이스의 실행을 다른 시스템에서 수행할 수 있도록 지원하는 도구입니다. 이를 통해 대량의 테스트케이스를 효율적으로 분산하여 실행할 수 있습니다. 또한, 동시에 서로 다른 browser를 호출하여 테스트할 수 있습니다. 예를 들면, server 1에는 Chrome version 100을 실행하고 server 2에는 Chrome version123을 실행하며, server3에는 Edge version 123를 실행하여, 사용자는3개의 서로 다른 Browser들을 실행하고 결과를 받아볼 수 있습니다.

Selenium Grid에서는 Browser가 다른 장비에서 실행되어 호출하는 시스템의 자원을 적게 사용하므로 대량의 테스트를 동시에 실행할 수 있어, 기업체에서 테스트베드를 구축할 때 많이 사용됩니다.

Grid Components

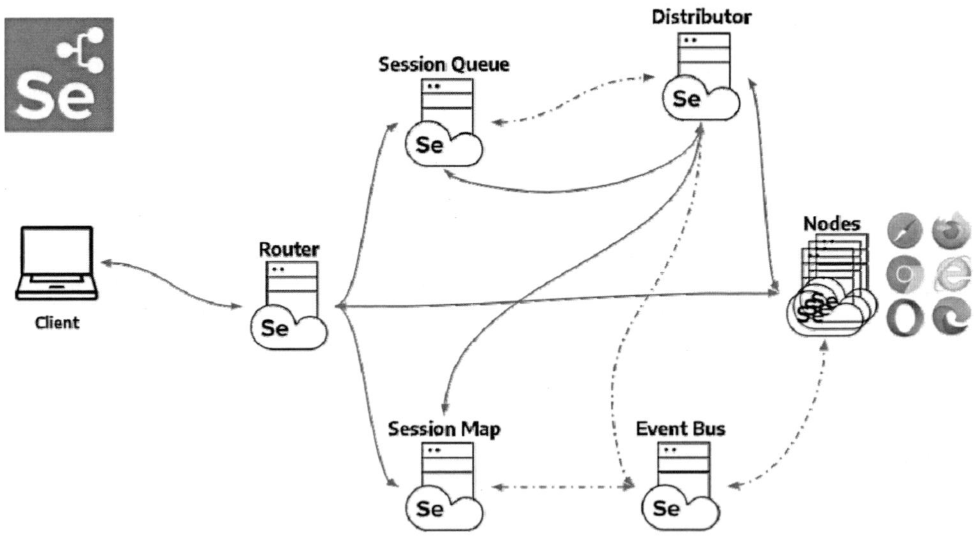

참조 https://www.selenium.dev/documentation/grid/components/

Component	설명
Router	Grid traffic을 조정하며, 신규Request는 Session queue로 보내고, 기존 Request는 session map 이나 Node로 보냅니다.
Distributor	각 Node에 대한 Capabilities를 저장하여 유지하고, Session queue를 체크하고 처리합니다.
Session map	Session ID와 Node간의 map을 저장한 장소로써 Router가 이를 이용합니다.
Session Queue	신규 Request를 저장하는 Queue로써 Router애 의해 입력되면 Distributor가 체크하고 Pop 하여 처리됩니다.
Node	실제 Request 즉, Browser의 모든 명령이 실행되는 장소입니다.
Event Bus	Grid component간에 message commuinication을 담당합니다.

Grid roles

Grid를 구성하는 방법에 따라 Standalone, Hub/Node 그리고 Distributed로 나뉩니다.

>> Standalone

모든 Component가 단일서버에 설치되는 것으로써 간단히 디버깅을 위해 구성합니다.

```
java -jar selenium-server-<version>.jar standalone
```

>> Hub/Node

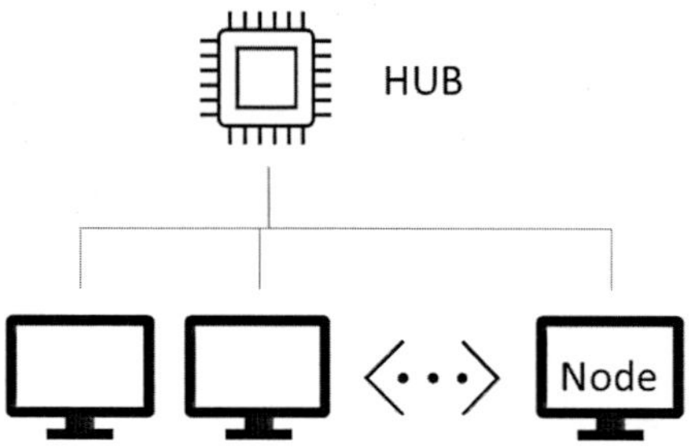

그림과 같이 HUB와 Node로 2가지 서버로 구성되는데 HUB에는 다른 5개의 Components가 설치되어 테스트코드를 Node에 할당하고 실행합니다. 이때 one hub에 복수개의 node를 연결할 수 있습니다.

아래 예는 Hub를 설정하고 2개의 Node를 설정하는 예입니다. 총 3개의 서버가 필요합니다.

```
java -jar selenium-server-<version>.jar hub
```

```
java -jar selenium-server-<version>.jar node --port 5555
```

```
java -jar selenium-server-<version>.jar node --port 6666
```

>> Distributed

6개의 Component가 각각의 server에 설치되어 운영하는 방식이며 아래순서로 설치합니다.

Component	설치명령
Event Bus	java -jar selenium-server-<version>.jar event-bus --publish-events tcp://<event-bus-ip>:4442 --subscribe-events tcp://<event-bus-ip>:4443 --port 5557
Session Queue	java -jar selenium-server-<version>.jar sessionqueue --port 5559
Session map	java -jar selenium-server-<version>.jar sessions --publish-events tcp://<event-bus-ip>:4442 --subscribe-events tcp://<event-bus-ip>:4443 --port 5556
Distributor	java -jar selenium-server-<version>.jar distributor --publish-events tcp://<event-bus-ip>:4442 --subscribe-events tcp://<event-bus-ip>:4443 --sessions http://<sessions-ip>:5556 --sessionqueue http://<new-session-queue-ip>:5559 --port 5553 --bind-bus false
Router	java -jar selenium-server-<version>.jar router --sessions http://<sessions-ip>:5556 --distributor http://<distributor-ip>:5553 --sessionqueue http://<new-session-queue-ip>:5559 --port 4444
Node	java -jar selenium-server-<version>.jar node --publish-events tcp://<event-bus-ip>:4442 --subscribe-events tcp://<event-bus-ip>:4443

Component별로 상세한 설치 설정 방법은 https://www.selenium.dev/documentation/grid/configuration/cli_options/를 참조합니다.

설치확인 Test

아래코드는 Grid UI에 테스트케이스 이름을 출력하는 예로써 테스트케이스가 Grid와 연결되어 실행되었음을 확인합니다.

```
ChromeOptions chromeOptions = new ChromeOptions();
chromeOptions.setCapability("browserVersion", "100");
chromeOptions.setCapability("platformName", "Windows");
// Showing a test name instead of the session id in the Grid UI
chromeOptions.setCapability("se:name", "My simple test");
// Other type of metadata can be seen in the Grid UI by clicking on the
// session info or via GraphQL
chromeOptions.setCapability("se:sampleMetadata", "Sample metadata value");
WebDriver driver = new RemoteWebDriver(new URL("http://gridUrl:4444"), chromeOptions);
driver.get("http://www.google.com");
driver.quit();
```

Grid 자원배분

Grid의 규모에 따라 필요한 서버사양이 다르나, 이를 계산하기 위한 기본조건은 다음과 같습니다.

- 각각의 Browser session은 CPU 1개를 사용합니다.
- 각각의 Browser session은 1GB Ram이 필요합니다.

위의 조건은 테스트케이스의 특성에 따라 달라질 수 있지만, 일반적인 권장 사항입니다. 예를 들면, 서버가 32개의 CPU와 32GB RAM을 보유하고 있다면, 그 서버에서는 32개의 테스트가 동시에 실행 가능합니다.

이를 performances 측면에 살펴보면 Distributor가 session을 제어하므로 Distributor에 충분한 CPU를 할당하고 이와 비슷하게 Node에도 같은 개수를 할당해야 병렬실행속도가 유지됩니다. 즉, Distributor가 4 CPU면 Node에도 4CPU를 할당해야 병렬수행이 유지되어 실행됩니다. 만약, Node가 2 CPU라면, 남은 2개의 Request는 Queue에 들어가서 대기하므로 실제로는 2개의 Request만 병렬 수행됩니다.

Selenium IDE

IDE(Integrated Development Environment)는 프로그래밍 경험이 적은 사용자가 테스트 코드를 작성할 수 있도록 지원하는 도구이며, Chrome과 Firefox Browser만 지원합니다. 사용자는 IDE를 Browser처럼 사용하여 테스트를 수동으로 실행하면, 실행한 기록을 기초로 실행코드를 자동으로 작성하고, 이를 실행할 수 있습니다. 자동으로 생성되는 부분은 Browser액션부분 만이며, 그 외 부분은 사용자가 추가로 코딩해야 합니다. 예를 들면, 쿠키를 사용하는 웹페이지를 테스트하는 경우에는 Browser UI는 IDE에서 작성되나,쿠키를 제어하는 부분은 사용자가 작성해야 합니다.

IDE설치하기

Chrome과 Firefox browser 만 지원되며 Extension 또는 addon형태로 설치합니다.

시작하기

사용법은 매우 간단하며 아래와 같은 기능이 지원됩니다.

- 새로운 프로젝트에 신규테스트를 저장합니다
- 기존 프로젝트를 오픈합니다.
- 신규 프로젝트를 생성합니다.
- IDE를 종료합니다.

테스트의 저장

Browser를 통한 모든 동작이 테스트로 저장되는데, 기존의 프로젝트가 없다면 신규로 생성하고 난 후, 저장됩니다. 저장아이콘을 클릭하여 저장을 종료할 수 있습니다.

테스트의 수정

저장된 동작들은 에디터를 통해 수정할 수 있습니다. 특정 Command를 추가하거나 삭제할 수 있습니다. 물론 테스트의 추가나 삭제도 가능합니다.

테스트의 재생

IDE의 Play기능을 이용하여 저장된 테스트의 모든 동작을 재생할 수 있습니다.

테스트코드의 활용

IDE에서 생성된 코드를 외부에서 재활용하기 위해서는 Export를 해야 합니다.

먼저 export를 선택하면, 저장할 프로그래밍언어를 선택합니다.

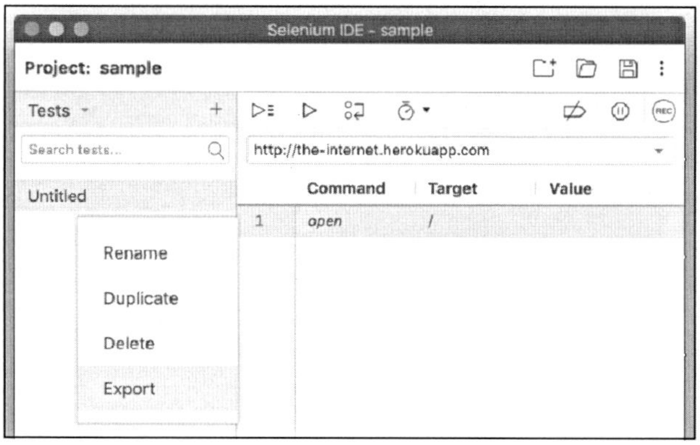

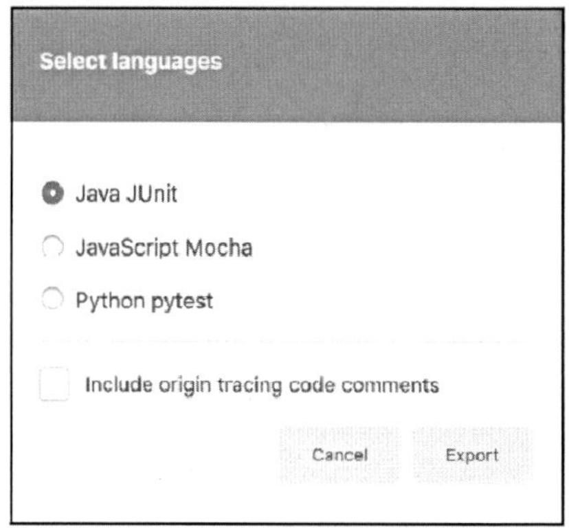

지원되는 프로그래밍언어는 아래와 같습니다.

- C# NUnit
- Java JUnit
- JavaScript Mocha
- Python pytest

Export된 코드는 아래의 section을 pom.xml에 추가하면 바로 실행 가능합니다.

IDE에서 생성되는 코드는 JDK8의 junit 4.12와 호환됩니다.

```
<project>
  <modelversion>4.0.0</modelversion>
  <groupid>org.seleniumhq.selenium</groupid>
  <artifactid>selenium-ide-java-code-export</artifactid>
  <version>1</version>
  <url>http://maven.apache.org</url>
  <dependencies>
    <dependency>
      <groupid>junit</groupid>
      <artifactid>junit</artifactid>
      <version>4.12</version>
      <scope>test</scope>
    </dependency>
    <dependency>
      <groupid>org.seleniumhq.selenium</groupid>
      <artifactid>selenium-java</artifactid>
      <version>4.0.0-alpha-3</version>
```

```
    </dependency>
  </dependencies>
</project>
```

SECTION

5 UI 테스트 설계

소프트웨어 테스트는 계획에서부터 실행까지 상세한 과정이 설계되어야 합니다. 테스트의 대상이 무엇이며, 테스트 데이터는 어떻게 생성할 것이며, 결과는 어떻게 저장하고 분석할 것인지 등등을 사전에 고려해야 합니다. 만약, 이러한 상황을 고려하지 않는다면, 소프트웨어 테스트의 유지보수문제로 인해 효율성이 떨어져 수동테스트보다 못한 경우가 발생합니다.

수동 or 자동테스트?

소프트웨어 테스트를 자동화할 것인지 수동 실행할 것인지에 대한 결정은 어렵습니다. 그 이유는 단순히 기술적인 부분과 전략적 차원의 접근도 같이 고려해야 하므로, 때로는 기술적인 판단과 다르게 결정될 수 있습니다. 여기서는 기술적인 부분을 제안합니다.

기술적인 결정요소

기술적인 측면에서 자동화의 고려요소가 되는 것은 다음의 2가지입니다.

>> 대상 프로그램의 변경률

- 자동 테스트를 위해서 스크립트가 생성되는데, 테스트 항목이 많아지면 스크립트의 수가 늘어나게 되고,
- 대상 프로그램에 변경이 발생할 경우 변경 이전에 만들어진 스크립트를 수정 또는 변경된 내용으로 재생성 해야 합니다.
- 이러한 변경에 따른 스크립트의 유지보수 공수로 인해 자동 테스트의 효과가 저하됩니다.

>> 테스트 실행 횟수

- 개발 완료전까지 수행하게 되는 반복 실행 횟수가 자동 테스트를 적용하기에 충분히 많아야 합니다.
- 불과 몇 번의 수작업 테스트만으로 조기에 테스트가 종결 된다면 자동 테스트를 위해 스크립트 개발에 드는 시간과 비용이 낭비되는 결과를 초래합니다.

아래 그래프에 대비된 2요소의 상관관계를 살펴보면 수동테스트는 테스트횟수에 따라 고정적으로 테스트시간이 증가하며, 변경이 많아지면 지동화의 효율이 떨어짐을 보여줍니다.

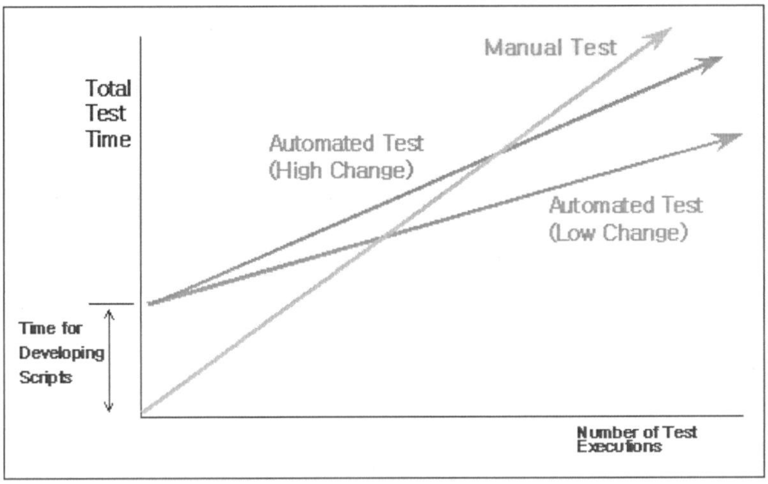

아래는 수동테스트와 자동테스트를 1회하고 난 결과를 분석한 사례입니다.

	테스트 항목	항목당 평균 수작업 테스트 시간(H)	스크립트 개발 시간 (H)	1회 테스트 전체 시간 (H)	자동 테스트가 의미를 갖는 최소 반복 실행 회수
수동 테스트	500	0.03	0	15	-
자동 테스트	500	0.016	25	33	3.63

수동과 자동테스트의 최소 공배수를 자동테스트의 전체시간으로 나누면 최소반복횟수가 나옵니다. 위 표에서 보는 바와 같이 4회 이상 반복하는 경우에만 자동 테스트가 의미가 있습니다.

즉, 총 3회의 수작업에 의한 반복 테스트만으로도 테스트가 충분한 경우라면 자동 테스트 적용은 비효율적입니다. 그러나 보통, 패키지 개발에 있어서의 반복 테스트 실행은 50회 이상이 필요하므로 테스트자동화는 필수입니다.

Selenium에 적합하지 않은 테스트

이하는 Selenium을 이용하여 테스트자동화를 수행하는 데 적합하지 않은 테스트들입니다.

>> Captchas

CAPTCHAS는 컴퓨터와 인간의 액션을 자동으로 테스트하여 구분하는 기법으로써 자동화 로봇을 방지하기 위해 제작되었으므로 이러한 환경에서는 테스트자동화를 실행하지 말고, CAPTCHAS를 off하거나 우회해서 테스트해야 합니다.

>> Performance test

성능테스트를 Selenium으로 하게 되면 WebDriver에서 처리되는 시간이 상당하기에 실제 성능과 다른 값이 나오게 됩니다. 특히, 상당량의 테스트를 동시에 수행한다면 이러한 현상을 더 심화되므로 성능시험은 다른 Tool을 이용하는 것이 좋습니다.

>> Two factor authentication

CAPTCHAS와 마찬가지로 인증위해 물리적인 절차가 수반되므로 테스트코드가 자동으로 수행되기 어렵습니다. 2FA를 off한 상태로 실행해야 합니다.

Navigation diagram

테스트 자동화를 수행하기 위해서는 테스트케이스에 대한 연구가 필요합니다. 테스트케이스를 모델에 근거하여 신중히 고찰하지 않으면, 중복된 테스트케이스를 작성하거나 재활용되지 않는 코드를 작성하게 되어 자동화의 효율이 저하됩니다. 이를 위해 Navigation diagram 또는 Flow diagram을 이용하여 분석합니다.

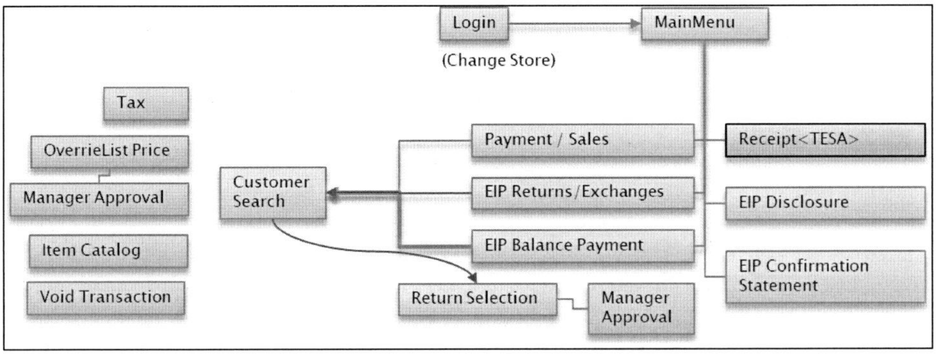

위와 같은 Navigation diagram을 통해 페이지 A에서 페이지B까지 가는 다양한 flow를 파악하고 이에 맞는 테스트케이스를 설계해야 하며, 에러 상황일 경우에는 어떻게 바뀌는지 등 비상상황에 대한 시나리오도 설계해야 합니다.

사전에 Flow 를 파악하지 못하고 자동화한 경우에는 누락된 테스트케이스가 발생하며 이를 위한 유지보수가 늘어납니다.	Navigation diagram을 통해 모든 flow를 분석하여 시나리오를 준비하였다면 변경에 쉽게 대응할 수 있습니다.

Navigation diagram을 통해 필요한 테스트케이스를 생성하는 것을 "탐색모델" 기법이라고 합니다. 이 섹션에는 STQE 2000년 9월에 게재된Harry Robinson의 "Intelligent Test Automation"내용을 탐색모델 기법의 좋은 사례로 소개합니다.

기본적으로 테스트의 모든 action에는 실행시점과 결과가 반드시 포함되며, 기본적인 동작은 생성/삭제/선택으로 정의될 수 있습니다.

- Create : 실행시점 - 저장소에 자료가 없는 경우 생성할 수 있다.
  결과 - 신자료 생성.
- Delete : 실행시점 - 저장소에 자료가 있는 경우 삭제할 수 있다.
  결과 - 자료 삭제.
- Invert Selection: 실행시점 - 항상 가능
  결과 - 자료선택/해제.

위의 행위를 폴더에서 파일을 선택하고 해제하는 동작으로 비유하면 다음과 같습니다.

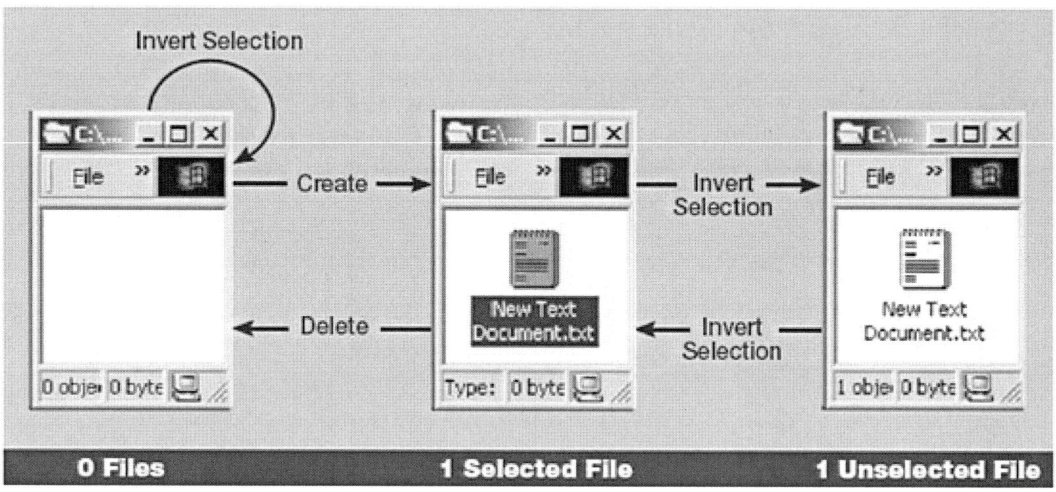

그림에서 보는 바와 같이 Invert selection은 선택과 해제를 반복하는 동작이며, 생성과 삭제는 폴더에 파일을 만들고 없애는 동작을 수행합니다. 이러한 과정별 상태변화는 아래 표와 같습니다.

Starting State	Action	Ending State
0 Files	Invert Selection	0 Files
0 Files	Create	1 Selected File
1 Selected File	Invert Selection	1 Unselected File
1 Selected File	Delete	0 Files
1 Unselected File	Invert Selection	1 Selected File

탐색경로의 선정(테스트케이스 선정)

모든 프로그램이 보기좋게 순차적으로 진행된다면 이상적이겠으나, 이벤트는 항상 불특정하게 발생하므로 변칙적인 순서로도 이상 없이 프로그램이 반응하는 지를 테스트해 보아야 합니다. 즉, 임의적인 동작에 대해 반응하는 것을 테스트하는 것입니다.

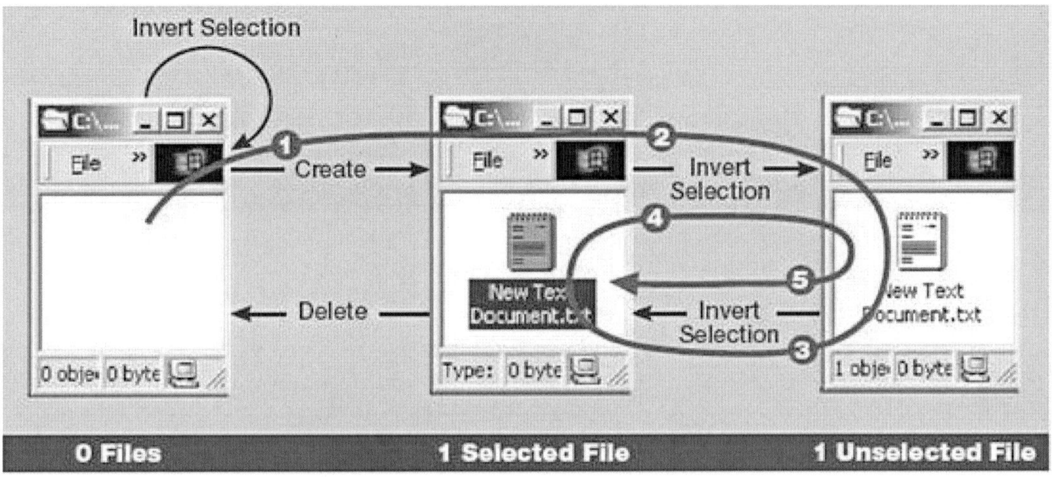

앞에 순서에서 약간 변형하여 뒤죽박죽의 순서로 진행해봅니다.

	Action	Ending State
1.	Create	1 Selected File
2.	Invert Selection	1 Unselected File
3.	Invert Selection	1 Selected File
4.	Invert Selection	1 Unselected File
5.	Invert Selection	1 Selected File

이렇게 변형된 진행은 많은 동작을 테스트할 수 있지만 필요 없는 경로를 반복하여 비효율적입니다. 그래서 연구된 것이 Chinese Postman walk 알고리즘입니다. 최단경로를 찾아내고 이를 수행하면 적은 자원을 이용하여 효과적으로 모든 step을 테스트할 수 있습니다. 아래 그림을 비교해보면 위와 달리 중복된 경로가 존재하지 않습니다.

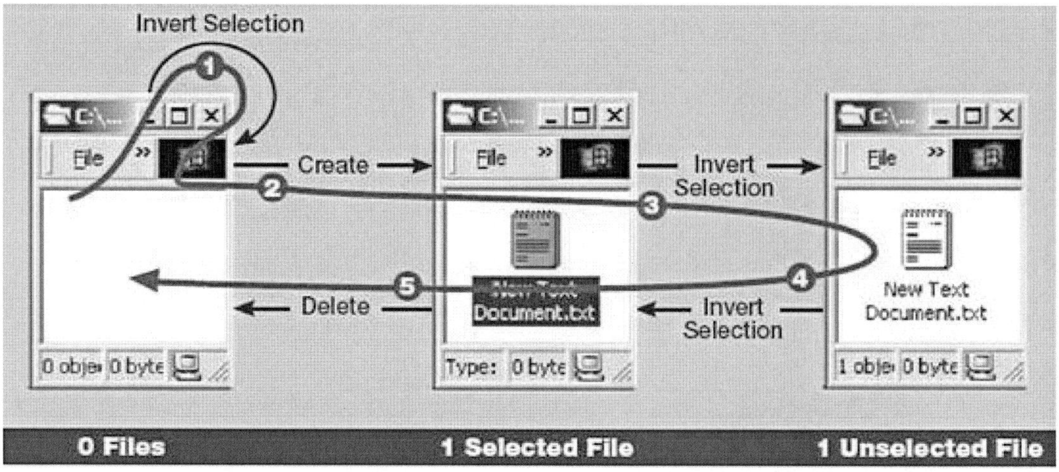

	Action	Ending State
1.	Invert Selection	0 Files
2.	Create	1 Selected File
3.	Invert Selection	1 Unselected File
4.	Invert Selection	1 Selected File
5.	Delete	0 Files

탐색경로의 테스트

선정된 테스트경로는 보다 단순한 경로들로 분할됩니다. 즉, 테스트케이스가 보다 작은 조각으로 분할되어 보다 세부적인 에러를 찾아낼 수 있습니다.

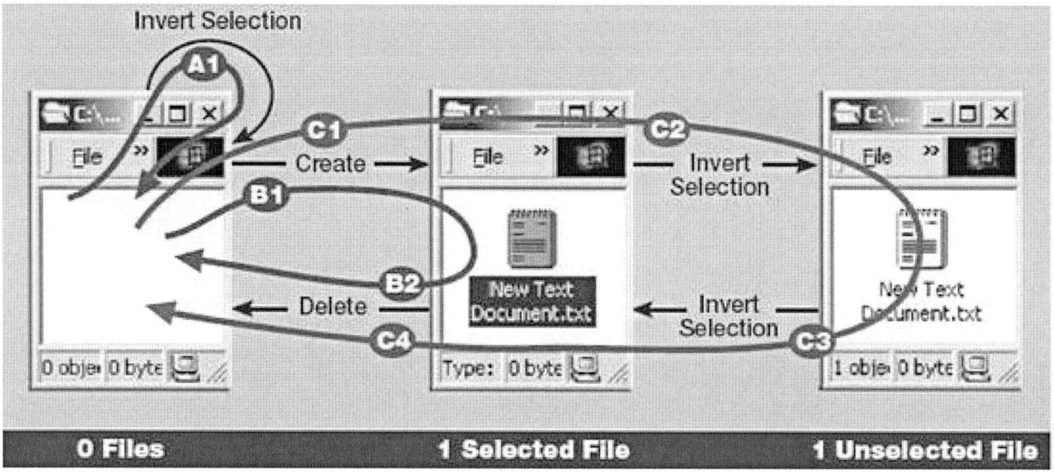

그림에서 보는 바와 같이 전체경로가 4개의 작은 경로로 분할되었습니다. 분할된 경로는 작은 테스트케이스가 되어 보다 세밀하게 테스트하게 됩니다. 이때, 보다 세부적으로 테스트할 수 있습니다. 예를 들면, 상태변화에 대한 파일 개수의 변화를 구체적으로 측정할 수 있습니다.

탐색경로의 수정

Select All이라는 동작이라는 새로운 동작을 추가합니다.

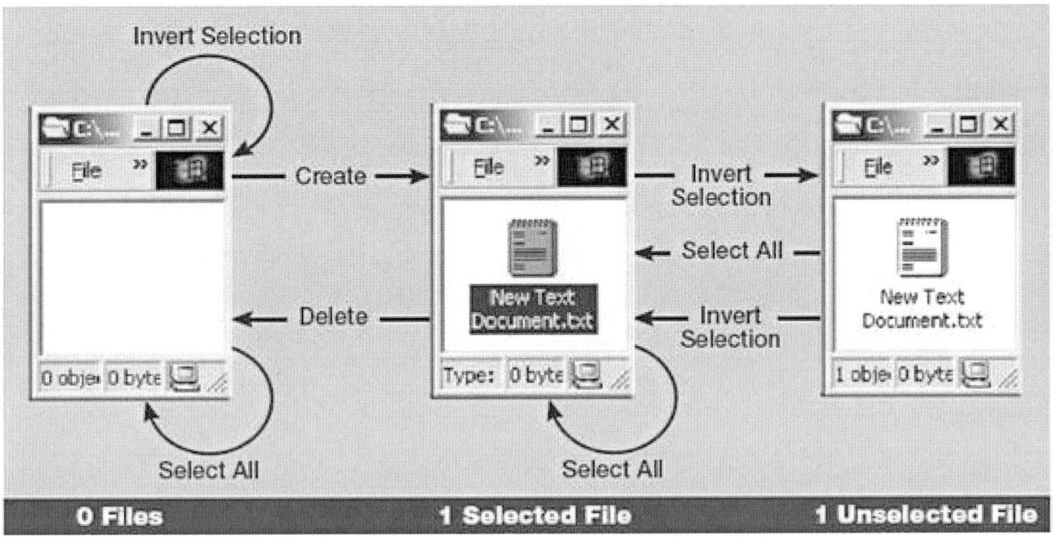

SelectALL의 동작은 다음의 9개의 세분화된 경로로 파악 가능하게 됩니다.

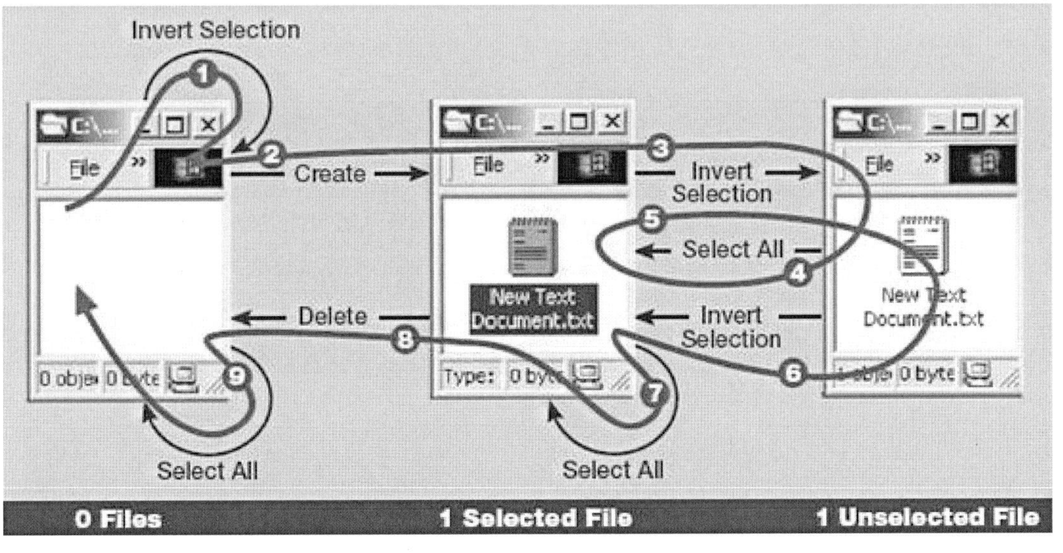

	Action	Ending State
1.	Invert Selection	0 Files
2.	Create	1 Selected File
3.	Invert Selection	1 Unselected File
4.	Select All	1 Selected File
5.	Invert Selection	1 Unselected File
6.	Invert Selection	1 Selected File
7.	Select All	1 Selected File
8.	Delete	0 Files
9.	Select All	0 Files

위의 예와 같이 Navigation diagram과 탐색모델 기법을 결합하면 관련된 테스트케이스 모두 추출할 수 있고 변경에 쉽게 테스트케이스를 분할할 수 있어 유지보수가 쉬워지는 효과를 얻습니다. 더불어 누락되는 테스트케이스가 감소하여 숨어있는 버그를 찾을 확률이 높아집니다.

Test Data Strategy

테스트 설계에서 또 다른 중요한 부분은 테스트케이스에서 필요한 data를 공급하는 방법을 결정하는 것입니다.

테스트 data는 아래와 같은 방법으로 저장되고 사용될 수 있습니다.

테스트 Data 저장방법	설명
TestNg parameters	임의의 변수에 data를 할당하여 소규모 테스트케이스 실행에 적합합니다.
TestNg Data provider	병렬 수행을 목적으로 대량의 고정 데이터를 행렬형태로 읽고 수행합니다.
Data file	로컬에서 대량의 data를 Read하거나 결과를 Write해야 할 경우에 사용합니다.
Database	다른 테스트케이스와 대량의 data를 공유할 경우에 사용합니다.
API call	Test data가 정적으로 변동되는 경우, data를 테스트케이스 실행시에 API를 통해 받습니다.

위 표에서 보는 바와 같이 Test data가 처음 값을 유지하는 정적data를 사용하는 것과 테스트케

이스의 진행에 따라 변화하는 동적data를 사용하는 것에 따라 test data저장방법은 달라집니다.

Data driven test의 경우에는 대량의 데이터를 동일한 테스트케이스에서 실행시키므로 TestNg의 data provider를 이용하는 경우가 많습니다. 예를 들면, 자동차를 구매할 때, 신용도에 따른 대출 이율을 계산하는 프로세스를 테스트하는 시나리오의 경우, 사용자의 신용도에 따라 최종 이율이 결정되어야 하므로 동적으로 data가 변경되어야 합니다. 사전에 조건에 맞는 이율데이터를 준비해야 테스트는 정상적으로 수행됩니다.

또한, 앞서 요구사항 분석단계에서 테스트케이스를 생성할 때, 필요한 데이터를 같이 파악하여 테스트 실행전에 data의 저장방법을 결정하는 것이 좋습니다.

테스트설계 권장사항

이하는 일반적으로 권장하는 테스트설계 사항입니다.

중복없는 Testcase

앞서 설명한 모델링을 거치면 중복된 테스트가 감소할 수 있으나, 필요에 의해 중복테스트를 하는 경우가 있습니다. 그러나 이러한 경우라도 중복된 테스트는 테스트비용의 손실이 발생하므로 지양해야 하겠습니다.

Test independency

테스트케이스 간에는 상호 의존적인 관계가 형성될 수 있습니다. 예를 들면, 테스트케이스1의 출력이 테스트케이스2의 입력이 되는 경우와 테스트진행의 순서가 중요한 경우입니다. 이러한 상호의존성은 병렬실행을 방해하는 원인이 되기에 사전에 테스트케이스를 분석하여 상호의존성이 작아지도록 테스트케이스를 세분화하는 것이 필요합니다.

Mock external services

외부서비스 등 주변환경을 호출하고 실행하는 테스트케이스의 경우에는 외부 서비스의 정상작동 여부가 주요 테스트 실행조건이 됩니다. 외부 시스템의 응답을 임의 생성하여 제공하는 환경을 이용한다면 테스트의 실행이 언제든지 가능하므로 안정적인 테스트를 수행할 수 있습니다.

Avoid Sharing state

- 테스트 실행의 안정성과 결과의 신뢰성을 위해 테스트는 항상 드라이버와 browser를 초기화한 상태에서 실행합니다.
- 테스트 실행 중에 타 테스트에 영향을 줄 수 있으므로 실행 중에는 테스트 data를 타 테스트와 공유하지 않습니다.
- 테스트결과를 임시로 저장하는 영역도 초기화한 후 테스트를 실행합니다.

SECTION

6 UI 테스트 작성

추출된 테스트케이스의 구현을 위해서는 구체적으로 테스트 코드를 작성하는 방법에 대해 살펴보겠습니다. 여기서 설명하는 것은 일반적인 테스트이며, 권장 사항입니다.

Page Object

Page Object는 웹페이지에 위치한 모든 WebControl을 Element 로 체계적으로 매핑하여 관리함으로써 웹페이지의 변경에 유연하게 대처하기 위한 모델이며, 물리적으로는 class입니다. Page object를 잘 구성한다면 복잡한 웹페이지도 쉽게 테스트할 수 있습니다.

Page Object을 Martin Fowler의 blog(https://martinfowler.com/bliki/PageObject.html)에 있는 설명을 인용하면 아래와 같습니다.

다음 그림처럼 HTML을 읽어서 각각의 Element를 정의하고 이를 Page Object 안에서 method 로 구성합니다. 테스트코드에서 이 method 들을 호출하면 직접 HTML을 제어하는 효과를 얻으므로 실제적인 테스트가 쉽게 가능합니다. 즉, 테스트코드는 FindElement를 하는 대신 SelectAlbumwithTitle()을 호출하면 되는 것입니다.

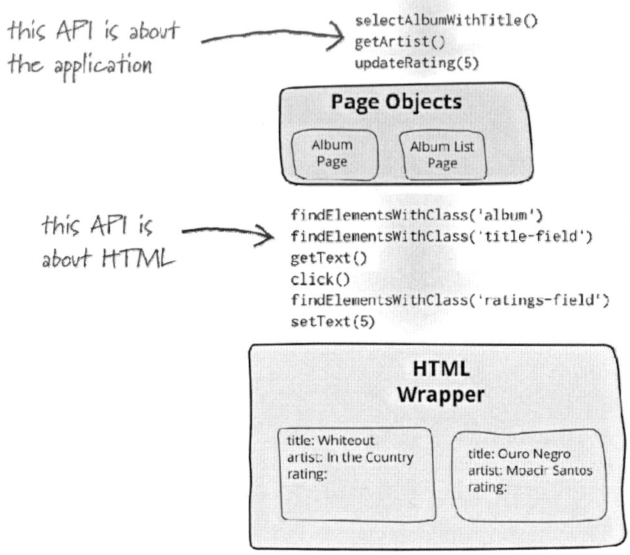

참조 https://martinfowler.com/bliki/PageObject.html

구체적인 모습은 다음 섹션에서 Page Object를 생성하면서 다시 한번 살펴보겠습니다.

Bad Page object model

Page Object를 생성할 때, 흔히 하는 잘못된 사례들을 통해 이를 방지하는 방법에 대해 알아봅니다.

- Multiple page objects in a class :
  아래 그림을 보면 왼쪽의 2개 page는 세부적인 page object들로 정의되어 있습니다. 그러나 오른쪽을 보면 한 개의 page object에 여러 page object가 섞여 있습니다.

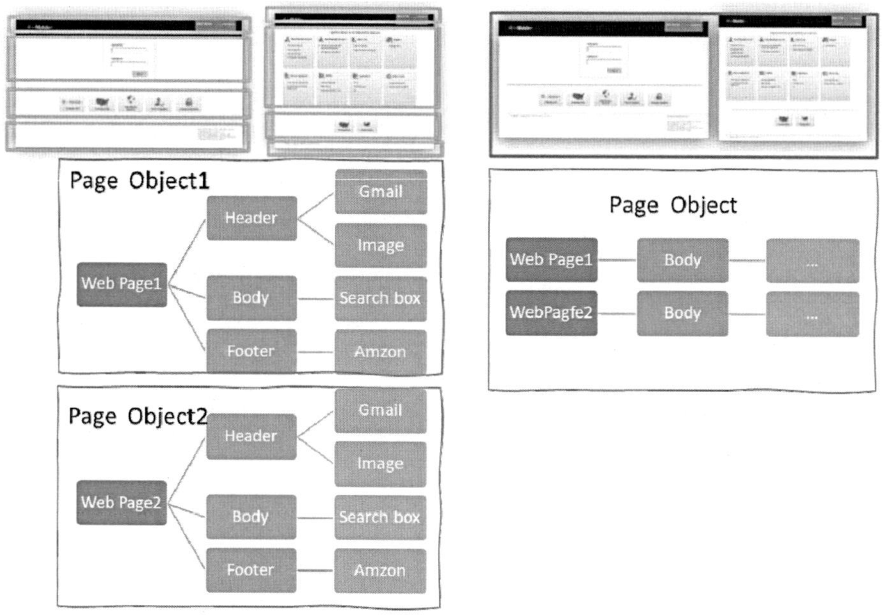

- 이것은 가능한 정의입니다만, page object에 대한 잘못된 이해에서 비롯된 것입니다. Page objects는 단순히 html의 webcontrol만 mapping 되는 것이 아니며, Selenium의 page load strategy및 다양한 기법을 이용하여 Webpage가 load 되었는지 검사하는 것이 포함되어야 합니다. 그렇지 않다면, 각각의 method에서 매번 해당 webControl이 active 상태인지 체크하고 action을 수행해야 하므로 테스트실행시간이 증가하여 비효율적이며, 서로 다른 page의 element 들이 섞여 있어 웹페이지가 변경하면 page object의 변경이 쉽지 않습니다.
- Assert() in Page object :
  Assert()는 테스트코드에서 최종적으로 판단하는 명령입니다. Page object에 이 method를 쓰는 경우가 있는데, 그렇게 되면 Page object내의 에러와 테스트코드의 검증 에러를 구분하기 어렵습니다. 따라서 page object에서는 모든 에러를 exception 처리하여, 테스트 검증 실패와 구분할 수 있게 하는 것이 중요합니다.

Good Page object model

- All action has been defined in a page object :
  모든 page object에는 해당 페이지에 있는 WebControl들이 mapping되어 있습니다. 이를 사용하는 모든 action method를 정의하여 페이지의 모든 기능을 테스트코드에게 제공합니다.
- All Get methods should be defined in a page object :
  page object를 통해 element에서 읽을 수 있는 method를 모두 정의하여 페이지의 모든 정보를 테스트코드에 제공합니다.

Page object의 생성

Page object는 한 번의 웹페이지 분석으로 완성되지 않으며, 반복적인 실행을 통해 체계화됩니다. 웹페이지내의 위치, 사용기능, refresh특성 등을 고려해야 최적의 Page Object를 생성할 수 있습니다.

Google home 페이지를 열어서Search box만 매핑하였습니다. 따라서 다른 webControl을 사용하여 테스트하는 것은 불가능합니다. 예들 들면, Gmail link와 관련된 테스트케이스가 누락될 수 있습니다.

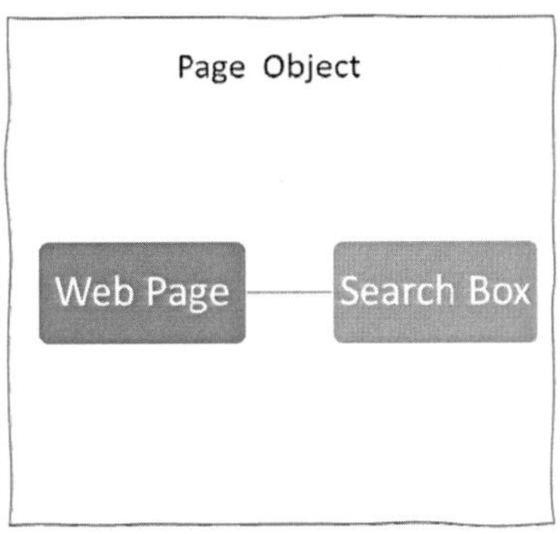

다시 모든 webControl들을 매핑하여 구성해봅니다. 이번에 누락된 WebControl들이 없어서 모든 테스트케이스가 실행 가능합니다.

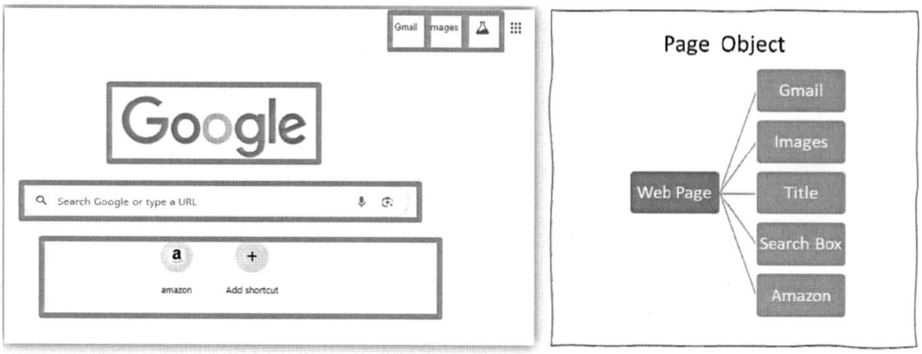

아래 코드는 page object class에 여러 webControl을 정의한 예입니다.

```
public class GoogleHome {
    protected WebDriver driver;

    public WebElement searchBox;
    public WebElement signInButton;

    private long timeout = 60;

    public GoogleHome(WebDriver driver) {
        this.driver = driver;

        if (!isDisplayed()) {
            throw new IllegalStateException(this.getClass().getName() + " is not loaded");
        }
        searchBox = SeleniumWebUtils.findElement(driver, By.xpath("//textarea"), timeout);
        signInButton = SeleniumWebUtils.findElement(driver, By.xpath("//a[.='로그인']"), timeout);
    }

    public boolean isDisplayed() {
        return SeleniumWebUtils.isDisplayed(driver, By.xpath("//textarea"), timeout);
    }
}
```

https://gitlab.com/testautomation_lectures/testautomation_jdk22/-/blob/1.0.0/src/test/java/Google/page/GoogleHome.java

Page object의 module화

그러나 하단의 Amazon button은 가변 링크 영역으로 항상 모든 browser에 있는 것이 아니며, 다른 Browser에서는 다르게 보이거나 없기도 합니다. 즉 Browser cache에 따라 다르게 보이는 부분으로 별도로 구분하여 제어하는 것이 좋겠습니다. 또한 중앙의 검색 박스와 상단의 링크들은 위치상으로 다르게 배치되어 있어 별도로 구분하는 것이 좋겠습니다. 이와 같이 페이지 내의 webControl들을 Group지어 마치 subpage처럼 활용하는 기법을 modular page object라도 합니다.

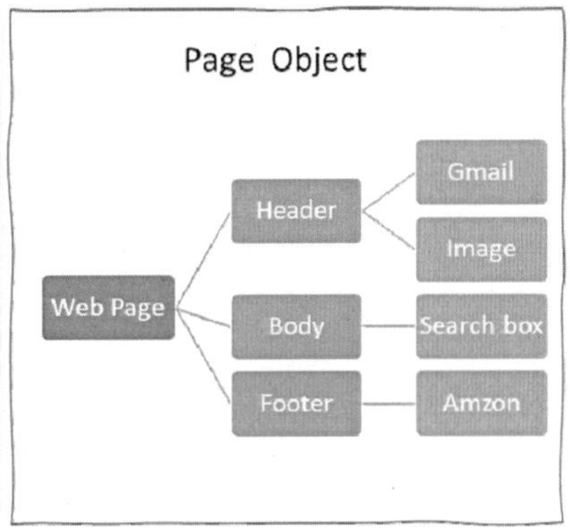

앞서 정의한 페이지를 아래와 같이 3개의 module로 나누었습니다.

- Header : Gmail등이 있는 link들
- Body : 검색창과 타이틀
- Footer : 아마존 등 버튼들

이와 같은 모듈화는 보다 복잡한 웹페이지도 손쉽게 관리할 수 있으며, 웹사이트 변경시에도 해당부분만 변경하면 테스트변경이 쉽게 됩니다.

아래는 웹페이지의 기본구성을 제공하는 base page class입니다. 이 class에는 페이지를 구성하는 기본 setting이 정의되어 있어 모든 페이지가 동일한 setting으로 동작하도록 하여 일관된 코드의 실행을 보장합니다. 아래 예에서는 timeout 을 60초로 설정하였습니다.

```java
public class BasePage {
    protected WebDriver driver;
    protected long timeout = 60;

    public BasePage(WebDriver driver) {
        this.driver = driver;
    }
}
```

https://gitlab.com/testautomation_lectures/testautomation_jdk22/-/blob/1.0.0/src/test/java/Google/page/BasePage.java

아래는 Header module의 실제 코드로써 basePage를 인용하여 생성하였습니다.

```java
public class GoogleHomeHeader extends BasePage {
    private WebElement signInButton;

    public GoogleHomeHeader(WebDriver driver) {
        super(driver);

        if (!isDisplayed()) {
            throw new IllegalStateException(this.getClass().getName() + " is not loaded");
        }
        signInButton = SeleniumWebUtils.findElement(driver, By.xpath("//a[.='로그인']"), timeout);
    }

    public boolean isDisplayed() {
        return SeleniumWebUtils.isDisplayed(this.driver, By.xpath("//a[.='로그인']"), timeout);
    }

    public String getSignInBtnText() {
        return SeleniumWebUtils.read(signInButton);
    }
}
```

https://gitlab.com/testautomation_lectures/testautomation_jdk22/-/blob/1.0.0/src/test/java/Google/page/GoogleHomeHeader.java

모든 element들은 Private로 처리하여 Boundary를 명확히하여 코드실행의 안정성을 높이고, 이를 외부에서 사용할 수 있도록 관련된 action method와 Get method를 작성합니다. 또한, class내부의 모든 에러는 exception을 사용하여 처리합니다. 특히, 테스트는 안정된 환경에서 실행되어야 하므로 page loading 실패는 실행조건 미흡이므로 테스트를 실행하지 않는 것이 테스트의 신뢰성을 증진시킵니다.

```
if (!isDisplayed()) {
        throw new IllegalStateException(this.getClass().getName() + " is not loaded");
}
```

아래는 body module의 실제 코드로써 Header와 같은 규칙으로 작성되었습니다.

```
public class GoogleHomeBody extends BasePage{

    private WebElement searchBox;

    public GoogleHomeBody(WebDriver driver) {
        super(driver);

        if (!isDisplayed()) {
            throw new IllegalStateException(this.getClass().getName() + " is not loaded");
        }
        searchBox = SeleniumWebUtils.findElement(driver, By.xpath("//textarea"), timeout);
    }

    public boolean isDisplayed() {
        return SeleniumWebUtils.isDisplayed(this.driver, By.xpath("//textarea"), timeout);
    }

    public void putKeysInSearchBox(CharSequence... keysToSend) {
        searchBox.sendKeys(keysToSend);
    }
}
```

https://gitlab.com/testautomation_lectures/testautomation_jdk22/-/blob/1.0.0/src/test/java/Google/page/GoogleHomeBody.java

아래는 module이 home page의 메인 페이지로써 Header와 같은 규칙으로 작성되었습니다. Sub module또한 내장된 Get Method를 이용하도록 구성되어 있습니다.

```java
public class OrganizedGoogleHome extends BasePage {
    private GoogleHomeHeader googlehomeheader;
    private GoogleHomeBody googlehomebody;

    public OrganizedGoogleHome(WebDriver driver) {
        super(driver);

        googlehomeheader = new GoogleHomeHeader(driver);
        googlehomebody = new GoogleHomeBody(driver);
        if (!isDisplayed()) {
            throw new IllegalStateException(this.getClass().getName() + " is not loaded");
        }
    }

    public GoogleHomeHeader getHeader() {
        return googlehomeheader;
    }
    public GoogleHomeBody getBody() {
        return googlehomebody;
    }
    public boolean isDisplayed() {
        return googlehomeheader.isDisplayed() && googlehomebody.isDisplayed();
    }
}
```

https://gitlab.com/testautomation_lectures/testautomation_jdk22/-/blob/1.0.0/src/test/java/Google/page/OrganizedGoogleHome.java

Testcase Coding

테스트케이스는 test method의 형태로 정의되며, 기본적인 UI테스트케이스는 아래의 3가지 Step으로 구성됩니다.

- 필수 step
- Action step
- 검증 step

필수 step

테스트 코드는 항상 Driver instance를 생성하며 시작하고 다시 Driver instance를 폐기하면서 종료합니다. Driver instance는 메모리에러를 방지하기 위해 반드시 종료해야 합니다.

```
WebDriver driver;

@BeforeMethod
public void setup() {
    driver = new ChromeDriver();
}
public void teardown() {
    if (driver != null) {
        driver.quit();
    }
}
```

Action step

원하는 페이지로 이동합니다.

```
driver.get(targetUrl);
```

앞서 작성된 Page object를 호출합니다.

```
OrganizedGoogleHome googlehome = new OrganizedGoogleHome(driver);
```

호출되면 Class constructor가 Page loading 여부를 검사하여 원하는 페이지인지를 확인합니다. Page가 loading되었다면 테스트준비가 된 것이며, 에러가 발생하면 테스트는 중단됩니다.

모든 action들 (Click 또는 Get 등)은 page object내에서 정의된 것을 사용합니다. 추가로 필요할 경우에는 중복되지 않도록 Page object에만 추가합니다.

```
googlehome.getBody().putKeysInSearchBox(textToSend);
```

검증 Step

테스트 수행에 대한 결과값이 예상값과 같은지를 검증합니다.

```
Assert.assertEquals(googlehome.getHeader().getSignInBtnText(), signInLinkText);
```

전체 소스 예제는 아래와 같습니다.

```
public class GoogleHomeTest2 {
    WebDriver driver;

    @BeforeMethod
    public void setup() {
        driver = new ChromeDriver();
    }

    @AfterMethod
    public void teardown() {
        if (driver != null) {
            driver.quit();
        }
    }

    @Test()
    public void searchAndNavigateWeb(){
        String targetUrl= "https://google.com";
        String textToSend = "this is a test";
        String signInLinkText = "로그인";

        driver.get(targetUrl);
        OrganizedGoogleHome googlehome = new OrganizedGoogleHome(driver);
        Assert.assertEquals(googlehome.getHeader().getSignInBtnText(), signInLinkText);
        System.out.println("Navigated successfully to the Google search page");
        SeleniumWebUtils.getScreenshot(driver, ".\\googlehometest1.png");
        googlehome.getBody().putKeysInSearchBox(textToSend);
        SeleniumWebUtils.sleep(3000L);
        SeleniumWebUtils.getScreenshot(driver, ".\\googlehometest2.png");
        googlehome.getBody().putKeysInSearchBox(Keys.RETURN);
        //---------------- navigate Search Result page
        GoogleResult googleresult = new GoogleResult(driver);

        Assert.assertEquals(googleresult.getSignInBtnText(), signInLinkText);
```

```java
            System.out.println("Found Sign-in button");
            SeleniumWebUtils.getScreenshot(driver, ".\\googlehometest3.png");
            Assert.assertTrue(driver.getPageSource().toLowerCase().contains(textToSend));
            System.out.println("Validating search page success");
            SeleniumWebUtils.sleep(3000L);
        }
    }
```

https://gitlab.com/testautomation_lectures/testautomation_jdk22/-/blob/1.0.0/src/test/java/Google/test/GoogleHomeTest2.java

APPENDIX

A 부록

Capabilities of WebDriver

Capabilities는 Browser의 실행을 세세히 제어하기 위해 WebDriver에 정의하는 구성으로써 아래와 같은 항목을 정의할 수 있습니다(https://w3c.github.io/webdriver/#capabilities 참조).

Capability	Key	Value Type	설명
Browser name	browserName	string	Chrome, firefox 같은 Browser의 종류를 정의합니다.
Browser version	browserVersion	string	Browser의 버전을 지정합니다.
Platform name	platformName	string	운영체제를 지정합니다.
Accept insecure TLS certicicates	acceptInsecureCerts	boolean	
Page load strategy	pageLoadStrategy	string	
Proxy configuration	Proxy	JSON	
Window dimensioning/positioning	setWindowRect	boolean	
Session timeouts	Timeouts	JSON	
Strict file interactability	strictFileInteractability	boolean	
Unhandled prompt behavior	unhandledPromptBehavior	string	

Errors

Selenium에서 자주 발생하는 대표적인 에러들을 소개합니다.

Invalid Selector Exception

원인	CSS/Xpath selector가 Invalid letter등으로 정확하지 않을 때 발생합니다.
해결책	온라인에서 CSS validator 나 Xpath validator로 설정된 query를 체크하여 수정합니다.

No Such Element Exception

원인	• CSS/Xpath location이 변경되었습니다. • Loading 되기전에 Element 을 읽기 시도했습니다. • CSS/Xpath location이 잘못되었습니다.
해결책	• 일부 웹사이트의 경우, attribute가 dynamic하게 변경되는 경우도 있습니다. Location을 정확히 확인합니다. • 웹사이트가 변경되어 location을 변경해야 할 수도 있습니다.

Stale Element Reference Exception

원인	• Target DOM이 dynamically 하게 변경됩니다. • 다른 페이지에 접속하였습니다. • iFrame이나 window가 다릅니다.
해결책	• DOM이 변경되는 경우, 페이지Loading 대기시간을 적절히 조정하고 렌더링이 종료된 후 다시 Element를 검색합니다. Wait방법에 따라 해결될 수 있습니다. • Page의 URL이 변경되는 경우는 드물지만 발생 가능합니다. • 동일한 웹페이지라도 window id나 iFrame이 다르면 인식하지 못하니 정확히 제어하였는지 확인합니다.

Unable to locate driver

테스트 실행 시작점에 아래와 같은 에러를 얻는 경우가 있습니다.

```
The path to the driver executable must be set by the webdriver.chrome.driver system property;
for more information, see https://chromedriver.chromium.org/. The latest version can be downlo
aded from https://chromedriver.chromium.org/downloads
```

원인	사용자가 특정버전의 드라이버를 호출하는 경우, Selenium에서 검색되지 않는 경우가 있습니다.
해결책	• 최신 version의 browser를 사용합니다. • Path변수에 Driver의 위치를 명확히 표시합니다. • Driver의 위치를 확인합니다.

테스트의 종류

인수 테스트

"요구사항에 맞는 제품이 만들어졌는가?"를 테스트하며, 시뮬레이션을 이용하더라도 요구사항에 맞는 입출력이 나오는지를 테스트합니다. 기능테스트가 포함될 수도 있습니다. 테스트결과에 따라 인수가능이 결정됩니다.

기능테스트

"제품이 설계대로 생성되었나?"를 테스트합니다. 인수테스트가 요구사항에 중점을 두고 테스트한다면, 기능테스트는 설계사항에 중점을 두고 있습니다.

통합테스트

하위 Unit간의 기능테스트가 종료되면 이들 간을 통합하여 상호운용 테스트하는 것입니다. 이때는 unit 간의 interface에 중점을 두고 테스트합니다.

시스템 테스트

통합테스트보다 더 범위를 넓혀서 내부 및 외부 시스템과의 연동을 테스트합니다. 시스템 간의 상호운용을 테스트합니다.

성능테스트

제작된 제품이 얼마나 잘 작동하는 지에 대해 테스트하는 것으로써 아래 2가지를 테스트합니다.

- Load 테스트 : app에 일정량의 데이터(예를 들면, 대량의 접속자)를 주입하여 app이 어떻게 반응하는 지를 테스트합니다.
- Stress 테스트 :주기적으로 대량의 데이터를 주입하거나 한번에 입력하는 것을 반복하면서 시스템이 어떻게 반응하는 지를 테스트합니다.

Regression 테스트

테스트할 시스템이 기존에 작성된 것을 변경한 경우, 기존 기능에 변동이 있는지를 테스트하는 것입니다. 즉, backward supporting이 유지되는 지를 측정합니다.

Test Driven Development (TDD)

TDD는 app개발시 지속적으로 테스트를 반복하도록 구성하는 것으로써 별도의 테스트계획이 필요 없는 개발 전략입니다. 개발의 종료는 테스트의 종료로 이어지므로 별도의 테스트비용이 절감되는 효과가 있으나, 개발팀원의 지속적인 훈련이 필요합니다.

Behavior-Driven Development (BDD)

BDD는 TDD의 일종으로써 개발된 코드의 기능과 요구사항을 같이 테스트하여 보다 효율적인 테스트를 수행할 수 있습니다. Cucumber 엔진에서 정의된 문법에 따라 수행되는데, 개발팀원이 이에 대한 경험과 훈련이 필요합니다.

참고자료

- https://testng.org/
- https://www.selenium.dev/documentation/overview/
- https://www.toolsqa.com/selenium-webdriver/selenium-tutorial/
- Harry Robinson, Intelligent Test Automation, STQE 2000.9
- https://martinfowler.com/bliki/PageObject.html